新編諸子集成續編

司馬法集釋

王震撰

中華書局

圖書在版編目(CIP)數據

司馬法集釋/王震撰. —北京:中華書局,2018.1
(2024.9 重印)
(新編諸子集成續編)
ISBN 978-7-101-12724-9

Ⅰ.司… Ⅱ.王… Ⅲ.①兵法-中國-戰國時代
②《司馬法》-注釋 Ⅳ.E892.31

中國版本圖書館 CIP 數據核字(2017)第 183096 號

責任編輯:石 玉
封面設計:周 玉
責任印製:管 斌

新編諸子集成續編
司馬法集釋
王 震撰
*
中華書局出版發行
(北京市豐臺區太平橋西里 38 號 100073)
http://www.zhbc.com.cn
E-mail:zhbc@zhbc.com.cn
三河市宏盛印務有限公司印刷
*
850×1168 毫米 1/32 · 8½印張 · 2 插頁 · 179 千字
2018 年 1 月第 1 版 2024 年 9 月第 3 次印刷
印數:7001-7900 册 定價:38.00 元

ISBN 978-7-101-12724-9

新編諸子集成續編出版緣起

新編諸子集成叢書，自一九八二年正式啟動以來，在學術界特别是新老作者的大力支持下，已形成規模，成爲學術研究必備的基礎圖書。叢書原擬分兩輯出版，第一輯擬目三十多種，後經過調整，確定爲四十種，今年將全部出齊。第二輯原來只有一個比較籠統的規劃，受各種因素限制，在實施過程中不斷發生變化，有的項目已經列入第一輯出版，因此我們後來不再使用第一輯的提法，而是統名之爲新編諸子集成。

隨着新編諸子集成這個持續了二十多年的叢書劃上圓滿的句號，作爲其延續的新編諸子集成續編，現在正式啟動。它的立意、定位與宗旨同新編諸子集成一脈相承，力圖吸收和反映近幾十年來國學研究與古籍整理領域的新成果，爲學術界和普通讀者提供更多的子書品種和哲學史、思想史資料。

續編堅持穩步推進的原則，積少成多，不設擬目。希望本套書繼續得到海内外學者的支持。

中華書局編輯部

二〇〇九年五月

目録

前言……………………一
凡例……………………一
司馬法集釋卷上……………………一
仁本第一……………………二
天子之義第二……………………四六
司馬法集釋卷中……………………九三
定爵第三……………………九三
司馬法集釋卷下……………………一四九
嚴位第四……………………一四九
用衆第五……………………一九七
附録一　司馬法逸文……………………二一五
附録二　重要序論彙録……………………二三六
(一)施氏七書講義序……………………二三六
(二)武經直解序……………………二三七
(三)司馬法集解引……………………二三八
(四)司馬法集解之集説……………………二三九
(五)武經彙解序……………………二三〇
(六)武經開宗序……………………二三三

（七）武經總論……………………二三三
（八）二酉堂刊司馬法序……………二三五
（九）箋經室刊司馬法古注
　　　坿音義序……………………二三七
（十）箋經室刊司馬法古注
　　　坿音義叙……………………二三八

前言

司馬法一書在中國兵學史上的地位，僅次於孫子兵法，而其被列入兵學聖典的歷史，則比孫子還要悠久。據荀悦申鑒時事記載，早在西漢時期，漢武帝就曾「置尚武之官，以司馬兵法選位，秩比博士」，漢書藝文志也將其作爲禮書歸入「六藝」，這説明司馬法在當時的地位，從某種程度上説是相當於「經」的。北宋時期，神宗皇帝又詔命頒行武經七書，司馬法從此與孫子兵法等書一起躋身官方認定的武學權威，備受推崇。司馬法作爲經典的確立，與其成書之時在齊國乃至整個先秦的兵學史上承前啓後的歷史地位密不可分。下面，我們就先從這部著作的成書情況談起。

一、司馬法的成書

司馬法的成書，在學界是一個很有争議的問題。争議的焦點主要集中於兩個方面：一是司馬法的真僞；二是司馬法的作者。

關於真僞問題，過去一直有學者將其認定爲僞書，如清人姚際恒古今僞書考斷言：「（司馬法）當時百五十五篇，隋志三卷，不分篇，已亡矣；今此書僅五篇，爲後人僞造無疑。凡古傳記所引司馬法之文，今書皆無之。其篇首但作仁義膚辭，亦無所謂揖讓之文，間襲戴記數語而已。」姚氏之外，龔自珍、張心澂等人也都曾對該書的真實性表示過懷疑。然而今天看來，在没有確切依據的情況下，將其簡單斥爲僞書，顯然有失公允。司馬法經漢志著録一百五十五篇，隋唐以降即大量亡佚，十不存一，本當屬古籍流傳之常有，且正由於此，才會出現古傳所引、今本或無的情況，這也是正常現象，但姚氏「今書皆無之」的説法，則未免失之絶對，與實際情況不符。

關於司馬法的作者，漢志没有著録，但自隋志起，歷代書目多題作司馬穰苴撰。根據史記的説法，司馬穰苴原是齊國貴族田完的苗裔，景公時，「晉伐阿、甄，而燕侵河上」，經晏嬰推薦，出任將軍，大敗晉、燕之師，尊爲大司馬。後田氏代齊，威王「用兵行威，大放穰苴之法，而諸侯朝齊」，「使大夫追論古者司馬兵法而附穰苴於其中，因號曰司馬穰苴兵法」（司馬穰苴列傳）。這就是説，司馬法的作者包括姜齊景公時期的司馬穰苴和田齊威王時期的大夫。但是，戰國策齊策六又曾言及齊湣王事，謂「司馬穰苴，爲政者也，殺之，大臣不親」，宋人蘇轍古史遂以穰苴爲湣王時人，後世吴師道、金正煒、錢穆皆以爲是。這樣一來，也就不存在威王（早於湣王）時期大夫追論司馬兵法而附穰苴於其中的情況了。論者多以左傳未載及景公時晉、燕侵齊事，亦未提及穰苴其人，且大司馬非齊官云云，以證司馬遷之誤，然而左傳畢竟只是春秋的補充，未必面面俱到，而史記所謂

「尊爲大司馬」者，蓋以其功高而授之以殊榮，未必是實職，畢竟史記的可靠性當高於戰國策，以戰國策之語證史記之誤，難以令人信服。

所以，就目前可見的文獻來看，關於司馬法的成書，史記的説法仍然是最可靠的。根據此説，古者司馬兵法就是這部兵學聖典的重要組成部分。何謂「古者司馬兵法」？今考殷墟卜辭並無「司馬」之説，而西周銘文及尚書牧誓、立政等則屢有提及，是司馬一職始於西周之初。又據唐太宗李衛公問對卷上稱：「周司馬法，本太公者也。太公既没，齊人得其遺法。」可見，「古者司馬兵法」就是西周姜太公遺法。田齊第四任國君齊威王，因在軍中推廣姜齊景公時期穰苴治軍用兵之法而收到「諸侯朝齊」的成效，於是讓大夫們整理編撰太公遺法，並以穰苴兵法附益之，命名爲司馬穰苴兵法。當時田齊初立，建稷下學宫，延攬諸子百家賢士，推動學術繁榮，並大興與田氏祖先有淵源關係的黄老之學，創造田氏代齊的合法依據。據徐幹中論亡國：「昔齊桓公立稷下之官，設大夫之號，招致賢人而尊寵之，自孟軻之徒皆游於齊。」是齊以稷下學者爲「大夫」。不少學者認爲，編撰司馬法的大夫，應當就是稷下大夫（參見胡家聰稷下學宫史鈎沈，文史哲一九八一年第四期）。

齊國的稷下學宫，不是一個純粹的學術機構，其主要功能：一是服務於田齊，以主導意識形態，二是爲富國强兵提供高端智庫。所以，齊國組織力量編撰兵書，也絶非純粹的歷史文化研究，其主要目的當是古爲今用，總結「用兵行威」經驗，建立面向戰國戰争形勢的兵學理論體系。從這個意義上講，司馬法的成書經過，是齊國兵學的一次學術總結與理論轉型，具有承前啓後的意義。「承前」就是追論太公遺法；「啓後」就是總結穰苴兵法和齊威王「用兵行威」經驗，面向戰國新形勢，實現兵學理論的創新。太公遺法在當時雖已陳舊，但作爲周禮精神在軍事領域的延伸，作爲姜齊傳統兵學的象徵，在田齊初立之時仍有廣泛認同基礎，而田氏爲確立其在軍事領域的合法性、正統性和主導性，必須高舉「古者司馬兵法」這面旗幟。同時，又由於司馬穰苴是田完苗裔，且在姜齊景公時期戰功卓著，其法爲威王所用而取得成功，故附穰苴於太公司馬兵法，實際上是將出身田氏的將領推上了兵學聖壇，成爲姜太公的後繼者，則田氏不僅在齊兵學系統取得了與姜氏一脈相承的正統地位，而且真正建立起以穰苴兵法爲主體的適應戰國時勢的新兵學理論。因此，司馬法與齊國的文化傳統和學術思潮，以及戰國前期的政治軍事形勢有着千絲萬縷的聯繫。

二、司馬法與周禮精神

司馬法一書，既倡言仁義節制之兵，鼓吹先王之政，又大談詭譎權詐之術，輕重、虛實之論，一如孫子，代表了一種既深受宗周禮樂文明傳統影響、又面向戰國戰争實踐的兵學理論。這與齊國歷史有關。

齊自立國，即賦以蕃屏王廷、捍衛禮樂文明之責。初，太公封於齊，「因其俗，簡其禮」（史記齊太公世家），絶非抑制周禮之舉，相反，正是采取了一種變相推行周禮的務實策略。姜齊政權七百餘年，而以召康公「五侯九伯，女實征之，以夾輔周室」（左傳僖公四年）的政治囑託爲軍隊使命。故宗周禮樂文化，實爲齊國傳統兵學之魂。

司馬法祖述太公而秉承周禮，四庫全書總目謂其「據道依德，本仁祖義」。今本首篇仁本，取義「以仁爲本」，而該篇末節「憑弱犯寡」云云，又與周禮夏官大司馬「以九伐之法正邦國」下六十五字幾近全同。周禮成書較晚，此處或周禮轉録司馬法文，或二書並録自七十子後學之作，亦或有稷下儒學之士先後參與了二書的編撰，皆可證司馬法與儒家禮治文化密切相關。通覽司馬法全書，其餘各篇如天子之義「立貴賤之倫經，使不相陵」，「以禮爲固，以仁爲勝」，定爵「榮、利、恥、死，是謂四守」，「唯仁有親，有仁無信，反敗厥身」，嚴位「以仁救，以義戰」等等，儒家思想印記亦比比皆是。

從今本五篇内容看，司馬法繼承周禮精神，弘揚儒家禮治文化，集中反映在仁本、天子之義二篇所載各類軍禮中，而穰苴兵法則主要記述於定爵、嚴位、用衆三篇。前二篇與後三篇在措辭上有一個明顯差異：前者段落開首多冠以「古者」二字，如「古者以仁爲本」、「古者逐奔不過百步」、「古者賢王明民之德」、「古者戍軍三年不興」等等；後者多冠以「凡」字，如「凡戰」、「凡陳」、「凡軍」、「凡勝」、「凡鼓」等等。「古者」，即謂此舊時戰法，今未必可行；「凡」，即言其適用廣泛，今當從之。這就是說，司馬法的編撰者，其實並未將太公遺法所包含的古軍禮一概視爲用於指導軍事實踐的戰略戰術，故雖或有迂闊之論，而細審其旨向，則在强調軍禮背後的儒家價值和禮樂精神，未必認同其具體做法。

司馬法所述軍禮與戰爭實踐往往具有較强的兼容性。如仁本「古者，逐奔不過百步，縱綏不過三舍，是以明其禮也」，此古戰法在西周至春秋前期原有其現實原因：一是當時多車陣作戰，以衝撞敵陣使其敗亂爲勝，車陣機動性差，如逐奔過遠，極易自亂陣脚，反勝爲敗；二是生産力水平低下，運輸技術落後，糧草補給有限，難以支援大軍長途奔襲；三是禮制尚未崩壞殆盡，諸侯間未敢輕妄致敵於死境，以免政治上陷於被動。到了齊威王時期，此三點皆已弱化，乃至不復存在。顯然，齊大夫所以追論此例，意在申明禮的精神（「是以明其禮也」），弘揚仁義禮治的儒家價值，標榜其拱衛周室的軍隊使命，而這在田齊初立之時，對於爭取國内外各方勢力的認同和支持，具有重要意義。

值得注意者，上述「逐奔」戰法，其餘諸篇又有提及，天子之義云「古者，逐奔不遠，縱綏不及，不遠則難誘，不及則難陷」，用衆云「凡從奔，勿息，敵人或止於路，則慮之」，此並非衍文重出，而是補充闡述了這一看似正大不詐、「本仁祖義」的戰法在威王時代仍然具有的實戰意義，即對敵窮追不捨可能會誤中埋伏。這正與戰國前期「出奇設伏，變詐之兵並作」（漢書藝文志）的戰場新環境相吻合。可見，司馬法實際上是一部以周禮理想精神與現實意義緊密結合的兵學著作。

三、司馬法與姜齊文化

司馬法與早此一百多年成書的孫子兵法相比，更具齊文化特質的典型性。孫武雖在齊國可能有家學淵源，但早年奔吴隱居，其間作十三篇，後見闔閭拜大將軍，其主要軍事生涯都在吴國，故有學者認爲孫子兵法的主要理論架構當屬南方兵學體系（參見黄樸民、徐勇試析孫子兵法與司馬法在戰争理論上的若干差異——兼論孫武軍事思想的豐富源泉，天津師大學報一九九三年第五期）。司馬法是現存最早的真正意義上的齊兵書，而且是系統闡述由田齊主導的新兵學理論的開山之作，同時也是姜齊傳統兵學的重構之作，因而深受齊文化土壤的孕育滋養。

從歷史淵源上看，齊文化是西周初年姜太公被分封齊地之後，在東夷土著文化的基礎上，「因其俗，簡其禮，通商工之業，便魚鹽之利」（史記齊太公世家）的産物。「東夷天性柔順，異於三方之外」（漢書地理志），而姜齊經濟社會的發展，造就了齊人「逐漁鹽商賈之利」、「設智巧，仰機利」的特點，其俗「寬緩闊達」（史記貨殖列傳），而兵民怯懦（據史記孫子吴起列傳，馬陵之戰，孫臏曾自謂「齊號爲怯」，而龐涓亦曰「我固知齊軍怯」）。受此影響，審視司馬法的文化基因，其人本主義、實用主義特質愈發鮮明。

（一）人本主義傾向

齊風柔仁而尚利，司馬法治軍則頗具温情脈脈的人本主義傾向，人性化色彩鮮明。管子牧民曾謂「民惡憂勞，我佚樂之」，而司馬法天子之義則主張「軍旅以舒爲主，舒則民力足」，體現了齊文化恤民疾苦的人文關懷精神。與兵家向來主張維護將領權威以嚴明軍令不同，司馬法的治軍理念是以人爲本：「師多務威則民詘，少威則民不勝。上使民不得其義，百姓不得其敘，技用不得其利，牛馬不得其任，有司陵之，此謂多威，多威則民詘。」（天子之義）民詘，謂兵民志意屈抑而不得伸張。司馬法主張威嚴適度，反對壓抑個性，務求兵民技用畜力各發揮其應有作用，體現了對個體價值的充分尊重。又如嚴位篇「上同無獲，上專多死」，對將領不聽取意見的行爲作出警示。又如定爵篇提出，「凡人之形，由衆之求，試以名行」，「若行而行，因使勿忘，三乃成章，人生之宜，謂之法」，即根據羣衆意見制定規章制度，通過在實踐中反復試行，使遵章守法成爲各級軍吏兵民的自覺行爲。這些主張具有樸素的民主色彩，與齊文化兼容並蓄而思想多元、政治上亦有廣開言路傳統（故有戰國策載鄒忌諷齊王納諫的故事流傳）不無關係。

（二）功利實用主義風格

齊自太公立國之初，因俗簡禮，通商惠工，取利漁鹽，及至管仲又「通貨積財」，而「與俗同好惡」（史記管晏列傳），固有的齊風夷俗，在多樣化經濟生態和務實政策的引導下，形成了崇物利、重實效的功利主義和實用主義風格。受此文化薰陶，司馬法處處體現出功利務實的特點。

（甲）戰爭觀立論的變通主義邏輯理路

司馬法仁本開篇論述了齊兵學的戰爭觀：「古者，以仁爲本、以義治之之謂正，正不獲意則權。權出於戰，不出於中人。是故殺人安人，殺之可也；攻其國，愛其民，攻之可也；以戰止戰，雖戰可也。」先秦兵書所持戰爭觀大同小異，普遍主張慎戰與備戰並重，而論述角度各異。如孫子是以一種縝密而系統的軍事哲學思維作層級式闡述，從戰爭運籌上視其爲「國之大事」（計），戰略指導上主張「上兵伐謀」（謀攻），戰術方法上提倡「兵貴拙速」（作戰）。司馬法則以一「正」一「權」的範疇揭示仁義與攻戰的關係。權即變通，攻戰是變通式的仁義，殺人是變通式的安人，攻伐是變通式的愛民，只要可以取得定國安民的實效，怎麽變通都可以，這種變通主義的邏輯理路，體現了齊文化善權變、惡守常的思維方式，即變通是合理的、必需的，甚至是值得崇尚的，「管用」才是硬道理。

（乙）對禮制多樣性和變通性的高度認同

齊軍禮是周禮在軍事行動中的具體體現。司馬法對於軍禮則持實用主義導向的變通態度，一方面秉承宗周禮樂精神，另一方面又總結虞、夏、商、周的禮制發展規律，指出沒有一成不變的禮制：

有虞氏戒於國中，欲民體其命也；夏后氏誓於軍中，欲民先成其慮也；殷誓於軍門之外，欲民先意以行事也；周將交刃而誓之，以致民志也。

夏后氏正其德也，未用兵之刃，故其兵不雜；殷，義也，始用兵之刃矣；周，力也，盡用兵之刃矣。

夏賞於朝，貴善也；殷戮於市，威不善也；周賞於朝，戮於市，勸君子、懼小人也……

戎車：夏后氏曰鉤車，先正也；殷曰寅車，先疾也；周曰元戎，先良也。旂：夏后氏玄首，人之執也；殷白，天之義也；周黄，地之道也。章：夏后氏以日月，尚明也；殷以虎，尚威也；周以龍，尚文也。（天子之義）

禮制既因時而異，又隨環境場合適機而宜。「國容不入軍，軍容不入國」，國容多以周禮相約束，講求温良恭遜；軍容則不同，「在軍抗而立」是爲了軍容嚴整，「在行遂而果」是爲了雷厲風行，「介者不拜，兵車不式」則便於行動，「城上不趨，危事不齒」則軍心穩定（天子之義）。從國容到軍容的變通，體現了實戰的導向。

〔丙〕注重物利因素對戰爭的關鍵作用

受齊文化功利主義傳統薰染，司馬法對影響戰爭的物利要素特别重視。孫子將影響戰爭勝負的最根本要素概括爲道、天、地、將、法，歸根結底是天時、地利、人和，後世兵書也多圍繞此三方面謀劃戰爭。而司馬法則概括爲「順天、阜財、懌衆、利地、右兵」，「阜財」、「右兵」是把錢財和兵器擺上核心位置；又云「凡戰，有天，有財，有善」，是説戰爭是天時、錢財、人和的較量；又云「求厥技」，即重視有技術的特殊人才（定爵）。司馬法對武器裝備的重視在中國冷兵器時代的兵學著作中是比較突出的。傳統兵書大多重視人心向背、内部關係、戰略戰術等精神因素。墨子「城守」諸篇雖重技術，而與司馬法相比，前者視野比較局促，主要囿於攻守城戰術的範圍，且缺少形而上層面的武器裝備理論，司馬法則將武器裝備視爲戰爭雙方力量轉化的關鍵，「凡馬車堅，甲兵利，輕乃重」，並且指出，「兵不告利，甲不告堅，車不告固，馬不告良，衆不自多，未獲道」（嚴位）。爲把握戰場主動，甚至不惜與敵開展軍備競賽，時刻保持武器水平的均勢（定爵篇云「見物與侔，是謂兩之」）。在戰術層面上，天子之義篇還提出了「兵不雜則不利」的觀點，定爵篇進而主張「弓矢禦，殳矛守，戈戟助」，「五兵五當，長以衛短，短以救長」，「迭戰則久，皆戰則强」。

（三）講求陣法的戰術思想

司馬法對於物利因素的重視，直接導致的結果就是陣法理論的成熟。單一的車陣作戰，對陣法並無特別講求，只有在軍兵種多樣化和協同作戰的條件下，陣法才有用武之地。即便是春秋前期，陣法也通常與多兵種有關。如左傳桓公五年載，周率諸侯聯軍與鄭戰於繻葛，鄭軍「曼伯爲右拒，祭仲足爲左拒，原繁、高渠彌以中軍奉公，爲魚麗之陳，先偏後伍，伍承彌縫」，杜預注：「司馬法『車戰二十五乘爲偏』，以車居前，以伍次之，承偏之隙而彌縫闕漏也。五人爲伍。此蓋魚麗陳法。」這種魚麗陣是春秋前期車步卒雙兵種協同的軍陣作戰典範。軍兵種多樣化的實質是武器裝備的多樣化，其首要條件是軍事技術的領先。齊國功利主義文化基因、鼓勵工商業的傳統國策、重視技術人才的戰略思維，決定了其領先的軍事技術，因而武器先進，軍兵種體系比較完善，門類比較齊全，在作戰中有條件實施協同作戰，利用複雜陣法。司馬法嚴位集中討論了軍陣作戰的若干問題，並謂「凡戰，非陳之難，使人可陳難；非使可陳難，使人可用難；非知之難，行之難」，可見當時對軍陣問題的討論已經深入到形而上的層面。由重技術發展到重陣法，這也可以視爲對姜齊文化傳統的一種創新。與司馬法成書大致同一時期、亦或稍晚的孫臏兵法、六韜等齊兵學著作，都對陣法有深入研究，從而形成了戰國時期齊兵學理論的一大特色。

四、司馬法與黄老之學

司馬法既然深深植根於齊國的歷史文化，又與稷下學宫關係密切，則勢必受到戰國前期稷下活躍一時的黄老之學的滲透影響，主要體現在三個方面：

（一）援引黄老養生之道

司馬法作爲一部兵書，而屢屢援引養生學説以闡述軍事問題，且措辭用語與黄老之論具有極强的通融性和相似性，很可能有黄老學者直接參與了司馬法的編撰。如嚴位篇「凡戰之道，位欲嚴，政欲栗，力欲窕，氣欲閑，心欲一」，此「氣閑心一」之論與黄老摶氣之説頗通。老子第十章「專氣致柔，能嬰兒」，「專氣」就是管子所説的「摶氣」。管子内業云：「摶氣如神，萬物備存。能摶乎？能一乎？能無卜筮而知吉凶乎？能止乎？能已乎？能勿求諸人而得之己乎？」尹知章注：「摶謂結聚也。」摶氣即聚氣，亦即軍陣士氣凝聚。「力欲窕，氣欲閑，心欲一」，猶今之謂人心齊，泰山移也。

又如定爵篇「密静多内力，是謂固陳」；「凡陳，行惟疏，戰惟密，兵惟雜，人教厚，静乃治」，是借用黄老虚静之説，喻軍陣臨戰不亂的狀態。老子第十六章云：「致虚極，守静篤。萬物並作，吾以觀其復。夫物云云，各歸其根。歸根曰静，静曰復命。復命曰常，知常曰明。」管子心術上謂「静則精，精則獨立矣」，又内業謂「心静氣理，道乃可止」。黄老之學所謂的静是無求、無設、無慮的純净心態，而司馬法所謂静者，據劉寅武經七書直解注謂「兵無譁也」，兩軍陣前，膽怯、疑慮、驚慌、猜忌，皆可致兵譁，所以無譁者，在於治心。「人教厚，静乃治」，朱墉武經七書彙解注云「教以敦厚誠實也」，「静專不譁，乃底於治也」。抱素懷樸，人心純净，則陣前無雜念，故人心能静，「陣心」能專，號令一而不亂。

（二）推崇刑名法術之學

司馬法治軍，既秉承周禮而又大行法治，表面上是禮法相與輔翼，實際上是在大倡禮樂精神的同時，又在特定領域廢禮而行法。如天子之義篇雖推崇「教化之至」，而又認爲「教極省，則民興良」，此「省教」之説法家傾向甚明。又同篇「禮與法表裏也」，定爵「居國和，在軍法」。禮與法，一表一裏；國與軍，一和一法。這就將「禮」與「和」的適用範圍限定在了「表」的層面和「國」的場合，爲「法」的施行騰出了空間。

司馬法崇尚法治，對商鞅、韓非等法家思想有一定影響。如天子之義篇「賞不踰時，欲民速得爲善之利也；罰不遷列，欲民速覩爲不善之害也」，此謂執法從速，信賞必罰。又如定爵篇「小罪乃殺，小罪勝，大罪因」，此「殺」字非「殺戮」之「殺」，注家多訓殺戮，是輕罪重罰之義，俱失之。殺猶滅除，此言小罪即當消除於萌芽狀態，以免小罪得逞，終成大罪，猶謂執法從嚴，不遺精微。然而「小罪乃殺」後來發展成爲法家的「刑用於將過」（商君書開塞），仍不免陷入輕罪重罰之論，而爲後人所詬病。又如同篇「凡軍，使法在己曰專，與下畏法曰法」；「凡戰，正不行則事專，不服則法」，此當爲三晉法家和秦法家「權制獨斷於君則威」（商君書修權）的先聲。

然而司馬法所崇之法，畢竟與商君、韓非之説殊異，仍是稷下黄老之法，或曰齊法家。定爵篇「立法，一曰受，二曰法，三曰立，四曰疾，五曰御其服，六曰等其色，七曰百官宜無淫服」，將法的施行與服色等級相嫁接，與後世所謂「霸王道雜之」（漢書元帝紀）異曲同工，實與黄老學派儒法相容的主張有關。黄老學派主張「因道生法」，「道」亦曰「天道」，慎子云「天道，因則大……因也者，因人之情也」（因循），故「法非從天下，非從地出，發於人間，合乎人心而已」（慎子逸文）。而司馬法定爵篇謂「由衆之求，試以名行」，「人生之宜，謂之法」，與慎子觀點何其相似。此外，黄老刑名法術之學主張「循名責實」（鄧析子無厚），而司馬法嚴位篇亦有「察名實」之説；黄老尚無爲，主張「約法省刑」（賈誼新書過秦下），而司馬法定爵篇亦有「約法省罰」之論。可以説，司馬法基本上是以黄老之法來治軍的。

（三）富有成熟的思辨精神

司馬法善於從衆寡、輕重、治亂、進退、難易、固危、先後、息怠、强静與微静、小懼與大懼等各種對立統一的關係中分析敵我雙方的情況，定爵篇云「大小，堅柔，參伍，衆寡，凡兩，是謂戰權」，戰争決策就是各種矛盾的權衡。司馬法借用了管子的輕重範疇來揭示軍事領域的變化規律。管子以輕重理論揭示商品和貨幣流通變化的規律，貨幣通縮、供求起伏、價格漲落、市場變化、糧食儲備皆有輕重規律而互爲制約，如：「歲有凶穰，故穀有貴賤；令有緩急，故物有輕重。」「夫民有餘則輕之……民不足則重之。」「夫物多則賤，寡則貴，散則輕，聚則重。」「幣重而萬物輕，幣輕而萬物重。」（管子國蓄、山至數）國家利用輕重規律，采取合理的宏觀政策，可以調節供求，穩定市場，安定社會，富國强軍。

司馬法將管子的輕重理論借用過來，用以抽象概括軍事領域一系列相互爲用、可以轉化的矛盾體，主張相宜而用，轉變力量對比，取得對敵優勢。軍事的基本問題無非是兩件事——用兵與治兵。用兵是戰略運籌，治兵是軍事管理，用兵與治兵的若干問題可抽象爲一系列輕重矛盾，用兵與治兵的本質是做好輕重的權衡與博弈：用兵是軍隊實力與戰場環境的權衡，「以輕行輕則危，以重行重則無功，以輕行重則敗，以重行輕則戰，故戰相爲輕重」；治兵是管理主體與管理手段的權衡，「上煩輕，上暇重；奏鼓輕，舒鼓重；服膚輕，服美重」（嚴位）。天子之義篇還總結了武器裝備受一系列輕重規律制約的辯證關係，「太輕則鋭，鋭則易亂；太重則鈍，鈍則不濟」嚴位篇云「甲以重固，兵以輕勝」，又進而指出，處理好武器裝備問題，本質上就是處理好人與武器的輕重權衡，即「位逮徒甲，籌以輕重」。

與孫子兵法等兵學著作虛實、奇正、攻守、强弱等樸素軍事辯證法思想相比，司馬法的輕重等範疇，語義表述上更爲凝練，更爲抽象，更具思辨精神，受先秦樸素哲學和邏輯學影響至深，理論化程度明顯高於其他兵學著作，當是稷下以黄老爲主要代表的多學派碰撞交融的結果。這既是對姜齊兼容並蓄文化的傳承，又是在稷下學術繁榮條件下的一種創新。

五、司馬法與齊國的軍事轉型

如前所述，司馬法的成書，是齊國兵學的一次學術總結與理論轉型，具有承前啓後的意義。

軍事理論的轉型，往往與戰争實踐的發展形勢密切相關，而理論上的總結升華又通常滯後於它在現實領域的運用。早在司馬法成書的二百多年以前，相繼發生於各諸侯國的軍事變革已見端倪。從公元前五四六年的弭兵之會開始，春秋的争霸戰争暫時停止，各國轉入内部强卿貴族的争鬭，同時也掀起新一輪政治上、經濟上的制度革新以及軍事上的轉型，齊國則在轉型中醖釀着對晉國霸權的挑戰。姜齊的齊景公正是在這樣的歷史背景下起用了出身田氏庶孽的司馬穰苴。穰苴治軍有方，大大提升了齊軍戰鬭力，並指揮對晉作戰取得成功。穰苴的治軍用兵經驗，不僅切合從春秋到戰國軍事變革的新形勢，而且爲後來田氏主導齊國兵學的話語權提供了重要籌碼。

真正標誌齊國兵學理論轉型在軍事實踐領域走向意義上成熟的重要戰役是桂陵、馬陵之戰。從桂陵之戰齊軍「引兵疾走大梁，據其街路，衝其方虚」，「解趙之圍而收獘於魏」，馬陵之戰退軍減竈，誘使魏將龐涓「棄其步軍，與其輕鋭倍日并行逐之」來看（史記孫子吴起列傳），司馬法所講的「衆寡以觀其變，進退以觀其固」、「擊其微静，避其强静；擊其倦勞，避其閑窕」、「以輕行輕則危」、「以輕行重則敗」等戰術思想（用衆、嚴位），在孫臏那裏顯然已經駕輕就熟。值得注意的是，史記載「臏生阿、鄄之間」，孫臏的故鄉正是當年司馬穰苴指揮齊軍打敗晉軍之地，這一歷史巧合，使我們有理由相信，孫臏早年很可能就對穰苴治軍用兵的事跡與方略有所知曉，其兵學思想汲取了穰苴兵法的養分，孫臏兵法與司馬法之間亦當存在某種歷史淵源關係。桂陵、馬陵之戰，爲我們考察轉型後的齊國新兵學理論在對外戰爭中所發揮的重要作用提供了史實依據。

六、司馬法的版本源流

司馬法在漢書藝文志中列「六藝」下禮十三家之一，著録爲「軍禮司馬法百五十五篇」，而後大量亡佚，至隋書經籍志著録「司馬兵法三卷（齊將司馬穰苴撰）」。但該書的文本面貌，自此大致進入一個相對穩定的狀態，以三卷本流傳至宋。舊唐書經籍志著録「司馬法三卷（田穰苴撰）」，新唐書藝文志著録「田穰苴司馬法三卷」，宋史藝文志則著録「司馬兵法三卷（齊司馬穰苴撰）」。然而宋志又著録「校定司馬法三卷」，與六韜、孫、吴等書並列，此當爲神宗時經朱服校定收入武經七書的版本。武經頒行，舊本流傳漸稀，後世司馬法，皆源自北宋頒行的朱校之書。目前通行的文本，有三卷者，有一卷者，但内容基本相當，分卷的區别意義不大。如果按照或白文、或注本、或單行、或與武經其餘六書並行等特徵，則可大體將其劃分爲三類。

（一）武經白文本

一般認爲，目前可見的包含司馬法的武經七書最早版本，是南宋孝宗或光宗時期所刊白文本，原爲陸氏皕宋樓舊藏，現存日本静嘉堂文庫。是書在民國時期經上海涵芬樓影印，收入續古逸叢書，一九八七年又收入解放軍出版社出版的中國兵書集成。另外，原瞿氏鐵琴銅劍樓藏影宋抄本，與此陸氏舊藏卷次、行款全同，筆體風格頗近，當是據此本摹寫而成。今覈校瞿陸二本，惟嚴位篇「既勝若否」，瞿本「若」訛作「浩」，當爲影摹者筆誤所致。瞿本亦在民國時期經涵芬樓影印，收入四部叢刊初編。

（二）武經注本

武經七書的注本，以金朝人施子美施氏七書講義、明洪武間劉寅武經七書直解、崇禎間黃獻臣武經開宗和清康熙間朱墉武經七書彙解等四種影響爲最大，亦皆收司馬法於其中。施氏七書講義在中國早已失傳，後有日本文久三年（一八六三）刻本回傳國內，一九九二年經影印，收入中國兵書集成。武經七書直解自問世之後在明代踵事翻刻，今可見者，以明成化二十二年（一四八六）保定趙英刊本爲最早，萬曆九年（一五八一）重刊，原爲丁氏八千卷樓舊藏，民國時期存於江蘇省立國學圖書館，經國民政府訓練總監部軍學編譯處陸軍印刷所影印刊行，一九九〇年又收入中國兵書集成。武經開宗目前較常見者有崇禎九年（一六三六）芙蓉館刊本和日本寬文元年（一六六一）中野市右衛門刻本，其中後者又在二〇一四年經影印，收入北京大學圖書館藏日本版漢籍善本萃編。武經七書彙解今以清康熙二十七年（一六八八）懷山園刊本爲最早，清光緒二年（一八七六）經索綽絡·國英重訂，由嶺南古經閣刊行，一九八九年中州古籍出版社據索綽絡家塾藏板影印出版，一九九二年又收入中國兵書集成。此外，茅元儀武備志兵訣評收武經七書，其司馬法亦有簡要注文。是書明天啓元年（一六二一）初刻，遭際明清遞嬗，屢次挖改。爲復其原貌，一九八九年，中國兵書集成編委會采訪多地天啓初刻殘本補足，影印出版。

（三）單行本

司馬法的單行本，首推明人閻禹錫采輯劉寅直解與劉源注文合刊的司馬法集解。源注單行之本千頃堂書目著録五篇，已亡佚，今可見者惟此閻氏合刊之書。該書有明弘治元年（一四八八）邢表刻本，二〇〇二年經上海古籍出版社影印，收入續修四庫全書；二〇一三年鳳凰出版社再次影印，收入子海珍本編。又有歸有光輯諸子彙函收司馬子一卷，雖爲簡注，且僅有前三篇，但蒐輯了王世貞、楊慎等一批學者的評點之語，有重要研究價值。是書僅有天啓六年（一六二六）立達堂刊本，一九九五年經齊魯書社影印，收入四庫存目叢書。清中後期以來，又有張澍二酉堂叢書收司馬法一卷，曹元忠箋經室叢書收司馬法古注三卷附音義一卷，皆爲精校。除此之外，常見版本還有孫星衍平津館叢書、崇文書局輯百子全書所收司馬法等等。

前人所纂羣書治要、太平御覽等書，摘引司馬法文及古注，注家或謂宋均，或謂曹操，今已不詳。司馬法又有大量佚文，先秦兩漢舊籍如孫子、左傳、公羊傳、周禮、史記、説文解字等經傳注疏及太平御覽、玉海等類書多有引述，清代至民國時期，張澍二酉堂叢書、錢熙祚指海、黄以周軍禮司馬法考徵、王仁俊玉函山房輯佚書續編及經籍佚文等都有收録。

這次作司馬法集釋，以武經七書南宋刻本爲底本，參以羣書治要、太平御覽引文，以及上述部分重要版本，予以精審精校，又徧采舊注十餘家，補漏釋，疏舊訓，辨正誤，以期爲當代研究提供有價值的參考。然而限於本人學力不足，疏漏訛謬在所難免，敬祈廣大讀者批評指正。

王震

二〇一七年二月

凡　例

一、本書所據底本爲武經七書之司馬法，續古逸叢書收一九三五年上海涵芬樓影印中華學藝社借照東京岩崎氏静嘉堂文庫藏宋刻本。

二、校釋參考徵引文獻有：

（一）魏徵等：羣書治要，清嘉慶年間阮元輯宛委别藏收日本擺印本（或簡稱「治要」）。

（二）李昉等：太平御覽，四部叢刊三編收一九三五年上海涵芬樓影印中華學藝社借照日本帝室圖書寮、京都東福寺、東京岩崎氏静嘉堂文庫藏宋刻本（或簡稱「御覽」）。

（三）施子美：施氏七書講義之司馬法，日本文久三年刻本（或簡稱「講義」）。

（四）劉寅：武經七書直解之司馬法直解，一九三三年陸軍印刷所影印江蘇省立國學圖書館藏明萬曆九年刻本（或簡稱「直解」）。

（五）閻禹錫：司馬法集解，明弘治元年邢表刻本（或簡稱「集解」）。

（六）歸有光：諸子彙函收司馬子，明天啓六年立達堂刻本（或簡稱「彙函」）。

（七）黄獻臣：武經開宗之司馬法，明崇禎九年芙蓉館刻本（或簡稱「開宗」）。

（八）茅元儀：武備志兵訣評收司馬法，明天啓元年秣陵章弼寫高梁刻本（或簡稱「武備志」）。

（九）朱墉：武經七書彙解之司馬法，清光緒二年國英重訂嶺南古經閣刻本（或簡稱「彙解」）。

（一〇）張澍：二酉堂叢書收司馬法，清道光元年張氏二酉堂刻本（或簡稱「張校」）。

（一一）曹元忠：箋經室叢書收司馬法古注坿音義，清光緒二十年曹氏箋經室刻本（或簡稱「曹校」）。

三、本書按照底本優先、擇善而從的原則，對各參校徵引之本出現的異文加案語出校，底本難以確證有誤者皆從底本；底本明顯錯訛者，依據校本改正。諸家注文如有明顯脱文誤字，皆徑改不出校。

四、本書徵引前人校釋，根據難易、詳略等情況，視其需要加案語補充解説。諸説凡有異同，或擇其是而捨其非；或諸説並存，加案語分析辨正；或另立新説。諸説近似，通常首選時間最早的訓釋；然而晚出之説雖與前人雷同，若有所引申闡發，於思想史研究有所裨益，或可發揮「疏」的作用，使前人之説更爲明白易曉，或援引戰史戰例，於軍事學術研究有所啓迪，亦多有采録。

五、本書校釋采用段下注形式，校記與訓釋混排於相應文字的數字標號下。徵引前人校釋，引自羣書治要、太平御覽的注文上標明「古注云」三字；其餘各家，首次出現時皆冠以注者姓名加「云」字，作「某某云」；非首次出現則略去其名，僅存姓加「云」字；有重姓者，略去其姓，僅存名加「云」字。各家注文之間以「○」間隔。

司馬法集釋卷上

施子美云：司馬法出於何時？當齊威王之世，大放穰苴之法以用兵，而諸侯朝齊。威王使大夫追論古司馬法，而附穰苴於其中，號曰司馬穰苴兵法。穰苴在齊司馬也，因號爲「司馬穰苴」，故其書曰司馬法。今考其書，有春蒐、秋獮之法，有振旅、治兵之法，有「發之九禁」之法，是皆得於古司馬遺意也。嘗考之藝文志，曰古司馬法得百三十篇，今所存者五，何者？歷世既久，簡編殘缺，而爲後世之所删定。學者能於五篇之中而攻之，亦足以發矣。不然，雖多亦奚以爲？○黄獻臣云：按司馬法本成周時制，齊威王使大夫追述之，後有以定爵等三章近詭，指爲穰苴兵法。穰苴文能附衆，武能威敵，齊晏平仲薦之景公，以爲將。將兵持燕、晉之師，穰苴請王之寵臣莊賈爲監軍，期而後至，遂斬之，三軍震慄。燕、晉聞之，悉引歸，皆反侵地。景公以爲有功，使爲司馬，後因以爲氏。五篇論戰，雖多詐力，然兵也而可去詐耶？是在善用兵者之詳味而孰玩之。○張澍云：玉海引司馬法注云：「司馬之職，所專者武事也。治軍用兵，皆用法也。縣師之職曰『若將有軍旅、會同、田役之戒，則受法於司馬，以作其衆庶』，説者謂司馬主將軍，故先於司馬處受出軍多少及法式，得法則作起衆庶，此後人之所以稱司馬法也。」

仁本第一

劉寅云：仁本者，以仁爲根本也。因首有「仁本」二字，故以名篇。○黄云：志在除殘去暴以安民，原非好戰喜功，故曰「仁本」。○震案：因其首句「古者，以仁爲本、以義治之之謂正」云，故取「仁本」二字爲名，如論語以「學而時習」之「學而」、孟子以「孟子見梁惠王」之「梁惠王」名篇，未必以篇旨命意標題也。

古者，以仁爲本、以義治之之謂正〔一〕，正不獲意則權〔二〕。權出於戰，不出於中人〔三〕。是故殺人安人，殺之可也〔四〕；攻其國，愛其民，攻之可也〔五〕；以戰止戰，雖戰可也〔六〕。故仁見親，義見説，智見恃，勇見方，信見信〔七〕。内得愛焉，所以守也；外得威焉，所以戰也〔八〕。

〔一〕古注云：治民、用兵、止亂、討暴，必以義也。○施云：以道而服人者，兵之常；反經而合道者，兵之變。正，常也；權，變也。權之爲義非譎也，權一時之宜，將以反經而合道也。兵以愛人爲主，故本之以仁；兵以合宜而動，故治之以義。二者兼盡，謂之何哉？謂之正也。此服人之道也。○寅云：古之治國治軍者皆以仁爲根本。仁者，本心之全德，其用則主於愛，愛莫先於仁民愛物，能仁民愛物，其於治國治軍也不難矣。此古者必以仁爲根本也。義者心之制，其用則主於斷，斷莫先於因事之宜而治之。故治國治軍者，必以義治之，謂得其正爾。仁義，專言之，則各有體有用；對言之，則仁爲體而義爲用也。○劉源云：仁即聖人子育萬姓之仁，義即聖人以義制事之義言。古者帝王之有天下，必以仁爲本，而以大義治之。蓋仁以養民，義以立政，因仁義兼行以合天意，斯所謂治天下之正道也。○朱墉云：古者，指三代之聖王言。本，猶根也。正，不偏也，萬世之常道也。○曹元忠云：羣書治要作「以義治之治之謂正」，太平御覽作「古者以義理之謂之正」，皆傳寫舛誤。「理」避諱改，與「、「人」字同例。文選鍾士季檄蜀文注引與今本同，下有「曹操曰『古者，王帝、三王以來也；仁者，生而不名；義者，成而不有』」，似司馬法爲魏武帝注，注義當本漢書嚴助傳「自五帝、三王，禁暴止亂，非兵未之聞也」。今御覽有注云「治民、用兵、止亂、討暴，必以義也」，似亦魏武帝注，以此外無徵故，御覽所引概稱「古注」。「止」，治要作「平」。○震案：羣書治要卷三三摘引本篇及天子之義篇及古注，此句下接「是故殺人安人」。太平御覽卷二七〇引自此以下至「聖德之治也」及古注，此句無「以仁爲本」四字。古注以御覽四部叢刊本爲據，其或有闕文誤字，乃參以四庫全書本或司馬法治要摘引本、張澍校本、曹元忠校本補正，皆不出校。

〔二〕施云：苟其仁義有所不能也，聖人又安能恝然哉？故正不得已則有權焉。權者，權時之宜而爲之戰也。湯、武之師，仁義之師也。湯之所以割正夏，武王所以大正於商，皆正也。桀、紂之君，有非仁義之所能化，湯、武又安得而已之乎？故又有所謂權也。鳴條、牧野之師，此湯、武之至權也。○寅云：以正治之，或不能得其意，則用權變之道以濟之。○源云：權即天地造化之權。春而生，秋而殺，電而雷，風而雨，天地動蕩之大權也；聖而文，神而武，仁而德，義而勇，聖人弔伐之大權也。聖人既以仁義正道平治天下，然猶有梗化背叛不臣之國，則當用乎神武大權以討平之也。○朱云：獲，得也。不獲意者，我用正，而彼或恃其險阻，不即就誅除，則意有未得者矣。權，權變也，一時之用也。○震案：「獲」下，彙函脱「意」字。

〔三〕古注云：分不均，求不勝，謂之不獲意。權，錘也，平輕重而爲之功。以死易生，以危爲寧，反覆往來，而以詐成，故曰不出於仁也。○施云：中人有二説：一曰，中人，執中者也；一曰，中人者，宦人也。宦者之説，如唐使宦者監軍容是也。執中者，如孟子所謂「執中無權，猶執一也」。中人之所爲，守一而不知變，是孔子所謂「未可與權」之人也。權變之道，實出於戰，豈守一不變之中人所能爲哉？此湯、武之所以興，漢高祖、唐太宗之所以起。戰爲有權，中人豈知所謂權？此泓之戰宋襄所以敗，井陘之役陳餘所以死，皆中人之所爲，不足以言戰之權也。○寅云：權變之道出於戰陳，不出於中人。中人者，中品之人，未可與權者也。蓋正者萬世之常，權者一時之用，乃湯、武仁義之兵，而濟之以權者也。或曰：中人即建中、用中之人，與戰用權之道異也。未知是否。愚謂「中人」上下疑有闕文誤字，姑爲此説，以俟知者。○源云：權出於王者伐叛之義戰，不出於争利詐故之陰謀，此所以權不出於中人也。○閻禹錫云：龍韜云「國不可從外治，軍不可從中御」，後漢段紀明亦曰「每奉詔書，軍不内御」，此其不出於中人之義乎？○黄云：權非上聖則國師籌之，中人未可與權者也。○朱云：中人，中材之人。通權非上智不能，若中材，則未可與權也。○曹云：「不出於中人」，御覽作「不出於仁也」。○震案：中人，施謂執中者也，寅亦謂建中、用中之人，是皆以「中人」之「中」用如「中庸」之「中」。中庸即中和，孟子盡心上「執中無權」，焦循正義引説文云：「中，和也。」又中庸「君子之中庸也」，朱熹章句集注：「中庸之中，實兼中和之義。」愚謂中人即從中調和周旋奔走之人。上既言「正不獲意」，而必須采取權宜變常措施，此言權宜變常措施當以武力爲依託，不應寄希望於周旋調和。

〔四〕古注云：以殺止殺，可以生也。○寅云：是故殺人以安天下之人，殺之可也。如武王誅紂伐奄，唐太宗執高德儒，數之曰：「汝指野鳥爲鸞，欺人主，求高官，吾興義兵，正爲誅佞人耳。」其餘不戮一人。自古誅其君而弔其民，皆是殺人以安人者也。○源云：殺人本凶事也，然殺一人而萬姓安，誅一罪而三軍定，雖忍而殺之，亦曰可也，此即黄石所謂「去一利萬，政乃不亂」之義也。然則聖人竄逐三苗之事，固不可得而見矣，若皇甫文出謁，而寇恂斬之，王建乞降，而司馬懿戮之，似有近於斯乎。○黄云：此下言用權之事。○張云：御覽無「安人」二字。○曹云：魏武帝注孫子序引作「人故殺人，殺之可也」，當是「是故殺人」下敚「安人」二字，或本作「故殺」，路史後紀注引古司馬法注云：「故，如『故殺』是也」。

〔五〕古注云：除民亂，去君害。○寅云：攻人之國而愛惜其民，攻之可也，如武王伐商，大賚其民是也。○源云：凡民陷於殘虐，爲仁君者，不得不舉兵伐之，故雖攻其國，而實救其民也。○震案：張校脱此十字。

〔六〕施云：兵有所可用，雖堯、舜、文王不可得而舍；兵有所不可用，雖秦皇、漢武不可得而强。何者？兵之爲用，伐罪弔民而已。苟利於民，何憚而不爲邪？不然，是以燕伐燕，民何望焉？况帝王舉兵，爲天下唱，豈專以殺伐爲哉？故殺一人而天下爲之舉安，殺之可也，爲所殺者少而所安者衆也。黄帝有阪泉之戰，堯有胥敖之伐，舜有三苗之誅，非欲安人乎？

攻其國，愛其民，攻之可也，爲其所攻者暫而所安者久也。湯有鳴條之師，武王有牧野之戰，高帝有入關之舉，非所以愛民乎？ 至於戰之爲事，亦欲以一而止百，然後可戰也。吴子曰「一勝者帝」，又何嘗以窮黷爲哉？ 文王一怒而天下安，晉文一戰而伯業成是也。君之於刑，豈務殘民以快其私怒哉？ 刑期於無刑也，無刑而後可以用刑，止辟而後可以用辟，無訟而後可以聽訟。 然則安人而後可以殺人，愛民而後可以攻國，止戰而後可以用戰。雖然，可以無殺、無攻、無戰乎？ 無之亦可也。 然不殺之無以安，不攻之無以愛，不戰之無以止。法以「可也」爲辭者，言其苟不如此，則不可也，惟能如此，而後可爲也。○寅云：以戰而止息天下之戰，雖與之戰可也，如武王以革車三百輛、虎賁三千人，與紂一戰，而天下定是也。○源云：戰本危事，不可輕舉，然强暴之人必欲稱兵作亂，傾人宗社，即當親率大衆，攻其心腹以解之，若李晟北圖范陽，則賊當捨趙是也。○黄云：武王一戎衣而天下定是也。○震案：「止」，治要、御覽並作「去」。「可」下，御覽有「恃」字，據文選左思魏都賦李善注引「以戰去戰，雖戰可也」，「恃」字疑衍。

〔七〕古注云：將有五材，民親悦恃，方而信之。○施云：用兵之德不同，而下之應之者亦不同。上表也，下影也，未有表正而影不隨；上聲也，下響也，未有聲動而響不應。我之所以用兵者，既有不同，則其應之者亦隨所感。上有仁以愛人，則人莫不親；有義以制宜，則人莫不悦；智足以謀，則人賴之，故見恃；勇足以戰，則人效之，故見方；信而不疑，則人信之。孟子曰「君行仁政，民則親上」，三略曰「仁者，人之所親」，仁足以及人，則人必親之。武王發財散粟，仁也，故同心同德，見於三千之衆。傳曰「義以宜之」，略曰「義者，人之所宜」，事而合義，則人悦之。武王以至義伐不義，簞食壺漿以迎王師。法曰「智爲謀主」，故人賴之，湯以天錫之智，故兆民賴之而伐桀。法曰「在軍見方」，勇則先登敢爲，故人效之。武王一怒而安天下，勇也，故三千臣莫不同力。語曰「上好信，則民用情」，上能以信待之，則人不欺之。光武推赤心置人腹，而人亦以誠待之。若夫小慧未徧，烏足以見親？小義未宜，烏足以見悦？閒閒之智何足恃，妾婦之勇何足方，小人之信何足信哉？○寅云：故有仁者，人見而親之；有義者，人見而説之；有智者，人見而倚恃之；有勇者，人見而歸向之；有信者，人見而信服之。○黄云：見親於人，而乃仁；見説於人，而乃義；人有足恃，而乃智；人所歸向，而乃勇；人皆信服，而乃信。○朱云：仁見親，有仁者，人見之而親愛也。義見悦，有義者，人見之而喜悦也。恃，倚也，有智者，人見之而倚賴也。方，向也，有勇者，人所歸向也。信，服從也，有信者，人所服從也。○張云：治要、御覽「説」作「悦」。○震案：寅及朱氏並以「見」爲「視見」之「見」，未確，當以施説爲是，用如被動詞。「説」，講義亦作「悦」。「方」原訛作「身」，治要、御覽、講義、直解、集解、彙函、開宗、武備志、彙解、張校、曹校皆作「方」，當是，遂據正。方，當讀如「仿效」之「仿」，類篇方部：「方，效也。」或謂方訓歸向之義，亦可通也。

〔八〕古注云：利加於人則守固，威加於敵人則戰勝。○施云：內有恩以結人，則人心必悅矣，以之保國，將不守而自固。外而有威，足以制人，則人必誠服矣，以之用兵，人將樂爲之用。夫兵之爲用，戰守而已。以守則固，以戰則克，無他，愛與威也。法曰：「愛在下順，威在上立。」愛威兩全，何有施不可？且以將觀之，其威德仁勇，足以率下、安衆、怖敵、決疑，猶且人不敢犯，寇不敢敵，況有國家者乎？傳曰「衆心成城」，此言守也；法曰「畏我侮敵」，此言戰也。○寅云：在內之民，得其恩愛，所以能守，如趙襄子、尹鐸守晉陽，智伯以水灌之，城不没者三板，沈竈産蛙，民無叛意，皆尹鐸之愛有以結其心耳。在外之兵畏其威嚴，所以能戰，是國家法令素行也。○源云：內得士卒愛慕之心，故可與之城守，即上文所謂「仁見親」之義。若李晟能與下同甘苦，以忠義感發士心，終無攜怨是也。外有雄武之威，睹者莫不畏服。若李光弼謀定而後戰，能以少覆衆，治師訓整，天下服其威名是也。○黃云：得其威嚴，願爲之戰。此言用兵必得其本而妙其宜，然後戰守皆得其用。仁不止嫗煦姑息，必治之以義，而後事有斷。制權又所以善其仁義之施者，精於權，則雖殺人、攻人、戰人，而原無害其爲仁，則義也、智也、勇也、信也，皆原於一本而出，所以人只見其可親、可說、可恃、可方、可信，而卒不見其不可守、不可戰也。不然，徒懲曹翰之屠戮，而不鑒宋襄之昧義，假煦煦而貽殃民，不仁孰甚焉？一怒而安天下之民，此古今所以稱至仁乎？○朱云：内，國内也。國内之民，得我之恩愛，所以能守也，民無叛意也。外，閫外也。閫外之兵，畏我之威嚴，所以能戰也，争先奮往也。○曹云：治要、御覽「内」上有「故」字。

戰道：不違時，不歷民病，所以愛吾民也〔一〕；不加喪，不因凶，所以愛夫其民也〔二〕；冬夏不興師，所以兼愛民也〔三〕。故國雖大，好戰必亡；天下雖安，忘戰必危〔四〕。天下既平，天子大愷，春蒐秋獮，諸侯春振旅，秋治兵，所以不忘戰也〔五〕。

〔一〕古注云：春夏興師爲違時。春興師虜五穀，夏興師傷人民，故役不踰時，寒暑不易服，飢疫不行，所以愛民也。○施云：易之同人，「同人于宗」不若「同人于郊」，「于郊」不若「同人于野」。「同人于宗」，各惡其獨愛也。故各「同人于野」，兼愛也，故亨。聖人愛人，豈獨愛其愛哉？欲兼所愛也。聖人愛人之心，雖由近以至遠，至於一視同仁，無所不愛，聖人之至仁也。故自其愛吾民，推而至於愛夫其民，又推而至於兼愛民，其大德也。故是以爲戰之道，不可違其時，不歷民於病。苟違其時，則寒暑失宜，疾疫由生，而民必歷於病也。曹操伐吴，時方盛寒，馬無槀草，人生疾疫，烏在其爲愛民哉？充國以正月擊罕羌，得計之理，又其時也。辛武賢知漢馬不耐冬，兵多羸瘦，欲分兵擊之，是知所以愛吾民也。○寅云：戰陳之道，不違農之時，不歷民之病，所以親愛吾民也。○源云：古者，義師之舉，上不違於天時，下不延及民病，蓋所以愛吾民也。一説王者弔伐之兵，不違於農時，不妨於耕稼，不歷民於疾病，所以愛吾民也。用兵之道，役不再籍，糧不三載，當一舉克之，不可久踰其時，以致民病，若周瑜言中國士衆，遠涉江湖之間，不習水土，必生疾病是也。○朱云：時，農作之時也。違，背也。不違時者，使民以時也。春耕秋穫之時，民方力作，以戰擾之，則民必困，故用民必於農隙之時也。歷，經歷也。病，疾疫也。不歷，謂不歷强之也。○震案：「戰」上，治要有「故」字。歷，廣雅釋言「逢也」。武備志脱「病」字。病，疾病。釋名釋疾病「病，並也，並與正氣在膚體中也」，畢沅疏證：「單言病，亦與疾同。」然此「民病」亦非獨謂民之疾疫而言。廣雅釋詁四：「病，苦也。」又戰國策秦策一「士民病」，高誘注：「病，困也。」又國語魯語上「固民之殄病是待」，韋昭注：「病，餓也。」又論語衛靈公「從者病」，皇侃疏：「病，饑困也。」愚謂不歷民病者，不應在人民遭受饑荒、疾疫、困苦之時發動戰争。

〔二〕古注云：敵有喪飢疫不加兵，愛彼民如己民。○施云：彼國有喪，可弔也，兵其可加乎？有凶，可恤也，其可因而伐之乎？吴以共王卒而伐楚，蠻以大飢而攻楚，烏在其爲愛夫其民哉？楚聞晉喪而還，晉飢秦輸之粟，是知所以愛夫其民也。○寅云：不加人之喪，不因人之凶，所以愛憐其民也，如楚人將伐陳，聞喪乃止是也。吴王闔閭乘允常死而伐之，是加人之喪、因人之凶者也。○源云：敵國有喪，而不加兵；敵國飢荒，而不乘凶，所以愛其一國之民也，若晉士匄伐齊，聞齊侯卒而還之是也。○歸有光云：其民，鄰國之民。○朱云：不加喪，不加兵於有喪之人也。凶，飢饉也。不因凶，不乘人之飢凶而伐之也。○張云：治要引無「夫」字，御覽「民」作「人」。

〔三〕古注云：大寒甚暑，吏士懈倦，難以警戒。大寒以露，則生外疾；甚暑以暴，則生内疾，故不出師，愛己彼之民也。○施云：隆冬大寒，手足可墮，師不可興也；盛夏炎熱，民多疾病，師亦不可興也。冬夏不興師，我之民得所利，而彼民亦得其利也，武王、宣王之師也。武王十一月渡孟津，宣王六月伐玁狁，人皆謂其以冬夏興師，非愛愛兼者也，殊不知周以建子爲正。按周禮有正歲，有正月。正歲者，先王之正歲，月建寅也。正月者，周之正月，子月也。周官布治教政刑，則用周之正月，其餘致治簡器，凡寓於先王之政者，則從先王之正歲。今武王以十一月渡孟津，則今之正月，乃春非冬也。宣王以六月伐玁狁，則今之八月，乃秋非夏也。武、宣之意，所以兼愛民也。不違時，或曰不違農時。不違農時，則民得足於食，故不歷民以所病之事。○寅云：隆冬盛夏，大寒大暑之月，不興師以伐，所以兼愛其民也。兼愛猶曰廣愛。蓋隆冬興師，必有裂膚墮指者；盛夏興師，必有冒暑疾疫者，此聖王所以慎之也。○源云：古者帝王不於冬夏興師，恐傷彼此之民，所以兼愛之也。○黃云：此申以仁爲本之意。治國莫急農時，無故興兵，民之所病，此愛民者所必曲體也。吳闔廬聞允常死而伐越，是加喪也；糜人乘楚大饑，帥百濮伐之，是因凶也；漢高冒雪征匈奴，士多墮指，馬援冒暑征武陵，蠻士多疫死，則不識「冬夏不興師」之義矣。○朱云：冬，大寒也。夏，大暑也。○張云：御覽「民」上有「彼」字，據注有「彼」字是。一本「兼愛」下有「其」字。○曹云：「所以兼愛民也」，御覽作「所以兼愛彼民也」，茅元儀武備志作「所以兼愛其民也」，「彼」字、「其」字皆涉上文而誤。孫子計篇「天者，陰陽、寒暑、時制也」，魏武帝注：「順天行誅，因陰陽四時之制，故司馬法曰『冬夏不興師，所以兼愛民也』。」與今本同。○震案：彙函、開宗、彙解「愛」下亦皆有「其」字。

〔四〕施云：兵不可以數用，亦不可以不用。數用之，則好大喜功，窮民遠略，不可也；不用之，則無以守國，無以備敵，尤不可也。如之何哉？守之用、不用之中，而存之耳。蘇子曰：「天下之勢，莫大於使天下樂戰而不好戰。」爲好戰，則將爲秦皇矣。秦皇之國，非不大也，不再傳而遽亡者，必戰之過也，況兵猶火也，不戢將自焚。此好戰之所以必亡。康莊子曰：「鞭笞不可偃於家，刑罰不可偃於國，征伐不可偃於天下。」苟爲去兵，則將爲唐穆宗矣。穆宗時，兩河既定，天下似安矣。蕭俛議銷兵，及朱克融之變，而復失河北者，忘戰故也，況夫叛而不討，何以示威？此忘戰之所以必危也。與其忘，不可好，好之將至於亡，而忘之雖危，亦未至於亡也。成周之時，畿方千里，以爲甸服，其餘以爲公、侯、伯、子、男，成周之君豈好用兵哉？戎狄膺之而已，荆舒懲之而已，非好戰也。方天下隆盛之時，而司馬之戰，四時之教，必致其謹者，不忘戰也。此所以爲極治之世歟？○寅云：故國雖大，好戰必至於亡，如有扈氏之君恃衆好勇，以喪其社稷是也；天下雖安，忘戰必至於危，如承桑氏之君修德廢武，以滅其國家是也。○源云：國家雖强大，然好窮兵黷武，而争人土地，必至於敗亡而後已；天下雖無事，而人君溺於晏安，遂忘武備，然亦必至於危殆也。○朱云：好戰者，窮兵黷武，恃衆逞强也。忘戰者，武備廢弛，士卒驕惰也。○張云：史記主父列傳、漢書主父傳、治要、御覽「安」俱作「平」，唐類函一百八卷引北堂書鈔所引司馬法「安」作「大」，今書鈔一百十三卷仍作「安」。

〔五〕施云：功成而作樂者，所以樂人心；因時而講武者，所以嚴武備。大抵天生五材，誰能去兵，傳嘗言之矣。而治不忘亂，安不忘危，傳又言之矣。故雖天下既平，天子大愷，而講武之事未之或廢焉。愷者，軍旅所奏之樂也。周禮曰：「凡師大獻，則奏愷樂。」又曰：「若師有功，先愷樂獻于社。」愷之爲言釋怒氣而爲悦，如風謂之愷風，言其長養萬物而和樂也。

天子於天下既平而奏大愷，因功成而作樂，以樂天下之心也。然而功固可歌也，而武備尤不可以不備也。故春而蒐，秋而獮，春而振旅，秋而治兵，此因時而教戰之法也。蒐者，蒐而取之。方春物生，必擇其不胎者蒐取之，故春曰蒐。獮者，少也。秋物方成，所得猶少，故秋曰獮。振旅者，班師也。春時農務始興，其可用兵乎？故以振旅爲名。治兵者，理軍也。秋時天氣始殺，正可以用兵矣，故以治兵爲名。按周禮「中春教振旅，遂以蒐田；中秋教治兵，遂以獮田」，則二者未始異也。今於天子言蒐獮，於諸侯言振旅治兵者，互文以備之也。記曰「諸侯無故不田獵者有刑」，則諸侯未始不田也。故春秋之所講，皆得而行之，此無他，嚴内外之備也。臧僖伯曰：「春蒐、夏苗、秋獮、冬狩，三年治兵，入而振旅。」此皆教戰法也。春秋時，振旅愷以入於晉，言愷樂猶存也。至於冬大蒐、秋大閱、春治兵，亦得先王之遺意。然法言春秋而不言冬夏者，亦舉此以見彼也。○寅云：天下既平，天子大愷而歸。愷，軍樂也。春秋左傳「振旅愷以入於晉」，是愷爲軍樂也明矣。後章得意，以愷歌示喜者是也。春畋曰蒐，秋畋曰獮。蒐者，搜也，搜其無孕字者取之。獮者，殺也，順秋陰之氣而殺之。皆於農隙以講武事也。諸侯春月則振旅，秋月則治兵。振，止。旅，衆也。言戰罷而止其衆以入也。○源云：愷，軍勝之樂也。天下既平，天子於是大作愷樂，故於春則蒐獵，秋則獮獵，皆所以嚴修武備，安不忘危也。振，整也。出曰班師，入曰振旅。

治兵則即練兵也。皆所以閱武揚威，而不敢忘戰也。○歸云：大愷，大習也。春蒐，蒐索禽獸之不孕。獮，殺也，以殺爲名，順秋氣也。三年大習，出曰治兵，入曰振旅。治旅禮畢，整旅而還也。○黄云：此申以義治之之意。窮兵黷武，亡國之階，武備廢弛，邊陲啓釁，故雖當平定大愷，猶日行治兵之禮，此王者所以貴克詰戎兵也。○朱云：愷，軍樂也，即凱歌也。天有愷風，天地之怒氣以散；軍奏愷樂，人心之怒氣以消。大愷，合衆心也。春獵曰蒐，蒐者，搜其禽獸之無孕字者，而殺之也。秋獵曰獮，獮者，殺也，順秋陰氣而殺之也。振，止也，又整也。旅，衆也。言戰罷而止其衆，以人亦講武也。○張云：治要無「天子大愷」四字，史記、御覽「愷」作「凱」。治要無「諸侯」及下「春」「秋」四字，御覽脱「春」字。玉海一百四十四引「獮」作「禰」，誤。宋均曰：「春秋少陽少陰，氣弱未全，須人功而後用，士庶法之，教而後成，宗仁本義。天子諸侯，必春秋講武，簡閱車徒，以順時氣，不忘戰也。」信是此段注文。○曹云：史記注引宋均，張澍謂是此段注文，疑注是宋均所作，俟考。○震案：「子」原作「下」，「蒐」原作「嵬」，並誤，御覽、講義、直解、集解、彙函、開宗、武備志、彙解、張校、曹校皆作「子」「蒐」，治要亦作「蒐」，當是，遂據正。蒐，廣韻尤韻「所鳩切」，今普通話讀作「搜」。獮，廣韻獮韻「息淺切」，今普通話讀作「顯」。春獵曰蒐，秋獵曰獮，皆有閱兵或軍事演習之義。

古者，逐奔不過百步，縱綏不過三舍，是以明其禮也〔一〕。不窮不能而哀憐傷病，是以明其仁也〔二〕。成列而鼓，是以明其信也〔三〕。争義不争利，是以明其義也〔四〕。又能舍服，是以明其勇也〔五〕。知終知始，是以明其智也〔六〕。六德以時合教，以爲民紀之道也，自古之政也〔七〕。

〔一〕施云：法曰「逐奔不遠，縱綏不及」，杜預謂：「古者名退軍曰綏。晉、秦未能堅戰而兩退，故曰交綏。」而衛公則極言其意，謂「綏，御轡之索也」。我兵既有節制，彼敵亦正行伍，故出而交綏，退而不逐，各防失敗也。李牧攻匈奴，一戰而北，匈奴逐之，乃以兩翼而勝，此逐奔之過，爲人所勝也。晉人避楚三舍，楚人追之，爲晉人所敗者，此縱綏之過，爲人所勝也。其節如此，所以爲禮也。兵有以禮爲固者，今逐奔不過百步，縱綏不過三舍，豈不足以明其禮乎。○宦云：奔，敗北也，謂追人敗北之兵，不過一百步。縱綏，春秋左傳注引此爲「從綏」，柳子厚文引「七十而從心」，亦作「縱心」，是「縱」「從」古通用也。綏者，御轡之索，乃六轡之總也。古者以軍退爲綏，謂從人退還之軍，不過九十里。春秋左傳，晉趙盾命三軍皆出與秦戰，交綏，注曰「軍退爲綏」，謂秦、晉皆有備，各防其失，不戰而兩退，故曰交綏。蓋兩家車馬將士嚴整，各執轡當陣，有必戰之勢，所以各防其失而交退。是以綏爲不戰而退軍之名也。後篇又曰「從奔不息」，蓋逐奔、從奔、縱綏三者意相似。辭讓之心，禮之端也。蓋良心發見，而不可掩者，逐奔不過百步，縱綏不過三舍，非惟恐傷我之兵，又矜彼之敗，不忍窮兵逐之，是又讓之大者，乃所以明其禮也。惟仁義之兵如此，若後世乘人之敗，有不解甲三日而追之者，非明禮之道也。○源云：綏，退也，又御轡之索也。三十五里爲一舍，三舍爲一百五里也。戰勝之師，追奔逐北不過百步，恐陷伏也。交戰而敵退，縱之不過百里，過百里而追之，恐敵有謀也。此所以明交戰追退之禮也。○歸云：「縱」作「從」。○不戰而退軍爲綏。○黄云：不忍及遠，退讓可知，故曰禮。○朱云：逐，追也。奔，敗北也。○謂追人已北之兵，不過一百步也。縱綏謂從其去也。古者交綏而退，謂從人退還之軍也。○綏，御車索也，乃六轡之總也，又謂縱放其綏，以追躡敵人也。三十里爲一舍，三舍則九十里也。明禮，矜彼之敗，不忍窮兵追之，讓之大者也。○張云：治要「過」作「遠」，無「百步」二字，「縱」作「從」，無「是」以下六字。○曹云：治要作「古者逐奔不遠」，涉下天子之義篇而誤。國語晉語「其避君三舍」，韋注「古者行師，三十里而舍，三舍爲九十里，司馬法曰『進退不過三舍，禮也』」，與今本異，而所釋「三舍」當是古義。○震案：「逐」，武備志作「追」。縱綏之縱，漢書李廣傳「中貴人者將數十騎縱」，王念孫讀書雜志：「縱，讀爲縱兵之縱，謂馳擊之也。」三十里爲一舍，軍行一日也。春秋左傳莊公三年「凡師一宿爲舍」，孔穎達疏：「舍者，軍行一日，止而舍息也。」呂氏春秋不廣「卻舍延尸」，高誘注：「軍行三十里爲一舍。」是軍行一日三十里曰一舍。春秋穀梁傳宣公十五年：「古者三百步爲里。」周禮地官小司徒「九夫爲井」，鄭玄注引司馬法：「六尺爲步。」以周大尺（百粒黑黍橫排之長）24.63cm 計算，一步約合今制 1.48m，百步爲 148m，一舍約合今制 13.3km，三舍爲 39.9km。愚謂「逐奔不過百步」、「縱綏不過三舍」，皆虛指，逐奔當指一車而言，逐出一二百米而止，縱綏則是大軍追擊敗北之敵，追出三十多公里即可，皆因當時戰車機動性能和軍隊補給能力所限。且西周至春秋前期，以車陣作戰爲主，行列嚴整者戰鬭力更具優勢，而遠途逐奔極易自亂陣脚而致敗績，非惟恐敵有謀也。

〔二〕施云：人之有能，有不能，不能而强之，則人必死其所不能矣，豈仁也哉？人之調衛不時則有病，臨敵決戰則有傷，不能哀憐之，則失其所謂愛，豈仁也哉？吴子教戰之法，使强者持旌旗，勇者持金鼓，此不窮不能也。至於爲卒吮疽，同甘苦，此哀憐傷病也，皆仁也，故以明其仁。○寅云：不窮追其不能，而哀憐被傷及患病之人，若秦、晉戰，秦人將潛師而遁，趙盾欲薄之於河，趙穿、胥甲當軍門呼曰：「死傷未收而棄之，不惠也；不待期而薄人於險，無勇也。」趙盾聞之，遂不薄秦兵，即此意也。惻隱之心，仁之端也，不窮不能，而哀憐傷病，是良心善端之發見者，乃所以明夫仁也。○源云：人之材技智識多有不齊，或有其所長，或遇敵傷殘而有疾病者，則哀憐其傷殘疾病，而不致委棄，此所以明吾之仁心也。○朱云：窮，窮究也。不能，戰敗也。明仁，顯白表著吾之惻隱也。○張云：御覽「病」作「痛」。○震案：「仁」原作「義」，蓋涉下而誤，治要、御覽、講義、直解、集解、彙函、開宗、武備志、彙解、張校、曹校皆作「仁」，當是，遂據正。

〔三〕施云：師之耳目在旗鼓，一鼓不當，則衆心疑。成列而後鼓，豈不足以示信乎？然宋襄公泓水之戰，不鼓不成列，似信也，何以致敗？襄公非行仁義之資，而欲使區區一鼓以取信於人，又安知其信之所在？然則襄公之不鼓，不如鼓儳者之爲知權也。○寅云：兵成行列，然後鼓之而進，不乘人之不及，不掩人之不備，此所以明其信也。信者，以實之謂。○源云：凡陣行既定，約束已明，然後鳴鼓而進，不使前後紊亂失次，所以明吾之信令也。○歸云：軍法以鼓戰。不鼓不成列，未成陣也。○朱云：成列，敵人行列既成，然後鳴鼓而進也。信者，以實之謂，不以詐掩人也。不乘人之不及，不掩人之不備，所以明吾之信實也。

〔四〕施云：人皆知利之爲利，而不知義之爲利，其利大矣。子思曰：「仁義固所以利之。」苟不知義之利，而惟利是争，吾恐其未見利，而先被其害矣。法曰「戰必以義」，非爲利也。○高祖入關，秋毫無所犯，欲以與天下與討殺義帝者，利耶，義耶？智者之義可知也。○寅云：但争義而不争利，此所以明其義也。如葛伯放而不祀湯，使遺之牛羊，他日又不祀湯，使人往爲之耕。葛伯殺一童子，而奪其黍肉。湯興兵伐之，但爲其不祀，及殺是童子，而征之耳。此争義而不争利者也。○源云：王者興師，蓋爲討其不義，非爲貪人土地之利而舉，所以明吾之有義也。○朱云：争義者，責人以大義，不争小利也。○曹云：晉語韋注引司馬法曰：「其有殞命，行禮如會所，争義不争利。」左傳疏引作服虔引司馬法：「其有殞命，以行禮如會所，用儀也。若殞命，則左結旗，司馬授飲，右持苞壺，左承飲以進。」即「争義不争利」之證。

〔五〕施云：高祖不殺子嬰，天下莫能與抗；光武不殺盆子，天下莫與之敵。夫人已降而殺之不祥，服而舍之，所以示勇也。豈不足以爲勇乎？勇也者，非暴也，所謂神武而不殺者也。鄭，小國也，許服而舍之，君子與之，其勇爲如何？乃若白起坑秦卒，李廣殺已降，勇者固如是乎？故曰「禍莫大於殺已降」，又曰「降者勿殺服」，可不舍乎？○寅云：人既服降，又能舍之不殺，此所以明其勇也。春秋傳曰「叛則伐之，服則捨之」是也。○源云：敵人既已降服，又皆舍之而不殺，所以明吾之有勇略也。昔李靖不籍降將之貲，而江、漢列城争下。豈獨舍服？有勇又能推恩，而取勝矣。○張云：治要、御覽「舍」作「捨」。○曹云：武備志「其」作「吾」。○震案：舍，正字通舍部「與赦通」。國語周語下「以無射之上宮，布憲施舍於百姓」，韋昭注：「舍，舍罪也。」呂氏春秋貴直「王乃舍之」，高誘注：「舍，不誅也。」治要、御覽作「捨」者，廣雅釋詁四王念孫疏證：「捨與赦聲義亦同。」

〔六〕施云：易曰：「知始終之變者，其知神之所爲乎？」蓋無所不知之謂智，智之所極，可以窮天地，可以極鬼神，況於始終之義？始而知兵之可用，終而知兵之可寢，此智也。一說始知兵之可用，終知兵之必勝，智也。湯以天錫之智，伐夏興商，其知終知始爲如何？符堅妄舉伐晉，而卒以敗亡，何智之有？○寅云：知事之所以終，知事之所以始，此所以明其智也。○源云：善用兵者，當知始終成敗，使舉無遺策，所以明吾之有神智也。○朱云：知終知始，軍事自始至終，審察不謬也。○張云：治要、御覽作「知始知終」。治要「智」作「知」。

〔七〕古注云：仁、義、勇、智、信，民之本，隨時而施，爲民綱紀，古之所傳政道也。○施云：是六者以時合教，爲民紀之道也。德不兼備，不足以教民；教不素講，不足以統衆。禮、仁、信、義、勇、智，此六德也，一或不備，不足以教民。然德既備矣，苟不因時而教之，則無以素服其心，於人心不易統也。惟備其德，而教之有素，豈不足以爲紀綱，而以統衆耶？傳曰「君子爲國張其綱紀」，又曰「以紀萬民」，況兵之爲教，其不以是爲紀哉？凡此皆古之政也。以政言者，司馬，夏官也，兵政之事也，法司馬之政也，豈得不謂之政？

自古之政也，有四政同，其爲政則不同，此以教言。若三者，則皆戰事也。○寅云：六德者，禮、仁、信、義、勇、智也。六德以時會合其衆而教之，先王修爲民紀之道，此乃自古之政也。○源云：六德者，即上文所謂禮、仁、信、義、勇、智是也。六德既明，當隨時而用，用之中理，乃合爲教令，以訓其國人。此民紀之道，自古之戎政也。○黄云：此言古人臨戰，務明六德，而未戰之先，又以教其民。雖然名爲「六德」，實有六蔽存焉。胥甲、趙穿當軍門呼曰：「死傷未收而棄之，不惠也；不待期而薄人於險，無勇也。」而卒爲秦所乘。宋襄公之不鼓不成列，則徒徇小信者矣。時至於今，義當嚴夷夏之防，勇當殲抗旌之寇，迅掃如同振落，天誅難以復留，夷關折符，是在運神智於不測者耳。○張云：治要「六」作「五」。案上文及注，作「五」爲是。「教」字，治要、御覽皆作「散」。御覽「紀」下有「者古」二字，治要止有「古」字。又治要無「自古之政也」五字。○曹云：「教」「散」形近，「古」字涉下文而誤。

先王之治，順天之道，設地之宜，官民之德，而正名治物〔一〕，立國辨職〔二〕，以爵分禄，諸侯説懷，海外來服〔三〕，獄弭而兵寢，聖德之治也〔四〕。

〔一〕古注云：正者，正官名也。名正則可治之。○寅云：古先聖王之治，上順天之道，下設地之宜，所謂裁成天地之道，輔相天地之宜是也。官民之有德者，而正其名，治其物，官民有德，謂任賢使能，俊傑在位也。正名者，公、卿、大夫、士也。治物者，六卿分職，各司其治也。○源云：何謂乎順天之道？若堯之曆象日月星辰，敬授人時，舜之璿璣玉衡，以齊七政是也。何謂乎設地之宜？若禹之分别九州，以定甸、侯、綏、要、荒服，大而宜都，小而宜邑，遠而宜道，險而宜關是也。民之有德者，則官之，然猶正其官名，使各治其事。○張云：治要「民」作「人」。○震案：設，廣雅釋詁二「合也」。禮記禮器：「合於天時，設於地財。」

〔二〕古注云：立國治民，分守境界，各任其職也。○寅云：立國而辨職，國謂諸侯之國，職謂公、侯、伯、子、男也。○源云：封建其國，各辨其職。○震案：「辨」，開宗作「辯」，張校作「辨」。

〔三〕古注云：以爵位、尊卑職其禄秩也。服，從己也。○寅云：以爵而分禄，爵重者重其禄，爵輕者輕其禄，所以諸侯説懷，海外之遠皆來服。○源云：封公爵者食公禄，封侯爵者食侯禄，各有等差而不亂，於是諸侯説懷，海外來服。○張云：治要、御覽「説」作「悦」。○震案：「以爵分禄」，治要無此四字。「説」，集解亦作「悦」。「外」，彙函、開宗、武備志俱作「内」。

〔四〕施云：三才之用得其當，然後事務無不舉；萬邦之任得其人，然後太平之治可以致。夫在天有道，在地有宜，在民有德，吾能順之設之官之，則三才之用得其當矣。故揆之以名分則正，推之於事類則治，事務其有不舉乎？有國斯有職，有爵斯有禄，吾能立而卞之，以是分之，則萬邦之任得其人矣。故内外之人無不悦服，兵刑之用可以寢息，天下之治，其有不致乎？是以王者順陰陽之時，因寒暑之節，推風雲氣象之占，皆順天之道也。熟險易之形，度廣狹之勢，明遠近死生之理，皆設地之宜也。定爵位之尊卑，等道義之小大，較偏裨將帥之才能，此官人之德也。舉斯三者，而後可以正名分、治物類也。夫子之必也正名，舜之明於庶物是也。然而先王建萬國，親諸侯，或百里，或五十里，公有公之職，侯、伯有侯、伯之職，子、男有子、男之職，因其國而授之職，此立國卞職也。公食者半，侯、伯食者三之一，子、男食者四之一，或授地視侯，或授地視伯，或授地視子、男，因其爵而與之禄，此以爵分禄也。惟其如是，能遠近舉安，兵寢刑措。孔子曰「近者悦，遠者來」，傳曰「兵寢刑措」，帝王之極功，非聖德之治乎？昔之得此者堯也，欽若昊天，有比冀方，克明俊德，所以盡三才之月也。百僚師師，庶績咸熙，非正名治物而何？外有州牧、侯、伯，所以立萬邦之君也。故能使羣后四朝，海隅咸服，衣冠無敢犯之民，干戈有不識之老，非諸侯悦懷，海内來服，獄弭而兵寢乎？求其所以致此者，亦帝德廣運而已。○寅云：獄訟弭滅，而甲兵寢息，乃聖德之治也。聖者，神明不測之號；德者，行道而有得於心者也。○源云：獄訟皆止，而干戈寢息，此聖王德化之至治也。○黄云：此言聖德同天地，而及其效，見兵之不用也。天地之道，雖有春温，不廢秋肅，聖人法天地自然之道，命官分治，封建懷柔，如天之無不覆，如地之無不載，奚事兵革？然儆戒豫防之意，則已蚤於廊廟籌之矣。○張云：治要校云，舊本「治」作「至」。○曹云：武備志「弭」作「彌」，「治」作「至」。○震案：官民之德，施氏謂「定爵位之尊卑，等道義之小大，較偏裨將帥之才能」，寅、源並謂「官民之有德者」，「任賢使能，俊傑在位」云云，皆未確。愚謂官用如管子廟合「不官於物而旁通於道」，尹知章注：「官，主也。」官民之德，猶主民之德，施行教化也。此言先王治國，順應天道法則，符合地利條件，以德化人，確立道德規範，而後建章立制。弭，停止，消除。「治」，直解、集解、彙函、開宗、彙解皆作「至」。

其次，賢王制禮樂法度，乃作五刑，興甲兵以討不義〔一〕。巡狩省方，會諸侯，考不同〔二〕。其有失命、亂常、背德、逆天之時〔三〕，而危有功之君〔四〕，徧告于諸侯，彰明有罪〔五〕。乃告于皇天上帝、日月星辰，禱于后土四海神祇、山川冢社，乃造于先王〔六〕。然後冢宰徵師于諸侯曰：「某國爲不道，征之，以某年月日，師至于某國〔七〕，會天子正刑〔八〕。」冢宰與百官布令於軍曰：「入罪人之地，無暴神祇，無行田獵，無毀土功，無燔牆屋，無伐林木，無取六畜、禾黍、器械，見其老幼，奉歸勿傷，雖遇壯者，不校勿敵，敵若傷之，醫藥歸之〔九〕。」既誅有罪，王及諸侯修正其國，舉賢立明，正復厥職〔一〇〕。

〔一〕施云：結繩之政，堯、舜不能及；衣冠之治，三代不能及。時異世殊，其治安得而同哉？況上古降而中古，聖治雜而賢王，淳澆朴散，又豈可以上古之治而治之乎？此賢王之世，其事所以異於上古也，禮樂法度所以化之也，五刑甲兵所以威之也。賢王非不能寢兵弭刑也，而以五刑甲兵言者，防姦也；非不能正名治物也，而必以禮樂法度言者，文治也。然而堯、舜之世，法度彰而禮樂著，非無禮樂法度也，而於賢王則以制言者。上古之世，中和之性，人皆存之，典憲之制，人皆知之，而禮樂自爾著，法度自爾彰，不待上之人制之而後化也。惟賢王之世，取上古爲莫及，苟不制禮樂，無以導人之中和；不制法度，無以示人之常，皆所以化之也。乃者，繼上之辭也。惟其禮樂法度，有所不能化，然後五刑甲兵用焉。五刑者，墨、劓、剕、宮、大辟也。甲兵，兵也。刑法志曰：「大刑用甲兵，其次用斧鉞，其次用鞭朴。」兵亦刑之大者也。兵刑之用，豈聖人樂爲是？故不得已，而以討不義之人也。賢王之世，豈誠有不義之可討乎？非真有也，設之以爲備也，言此五刑甲兵，將以討不義也。人知之，則將爲義之歸而無不義者也。非賢王不足以繼文、武之治，非文、武不足以成太平之治。成周之時，賢王之治也，宗伯掌禮，司樂掌樂，其詳見於六官之所考者，皆制度也。周之王者制此，將以爲馭人之術也。有大司馬之政，有大司寇之刑，皆作之興之，以討不義也。成周之時，未聞以甲兵而討不義，其作之者，所以防於未然也。春秋、戰國之時，有請觀周樂者，有問周室班爵禄者，禮樂法度之制，於此泯矣，而五刑甲兵之用，無日無之。故踊貴屨賤，鑄鼎作書，魯、衛相侵，秦、晉、齊、楚之師，無時不至諸侯之國。春秋無義戰，信矣。○寅云：其次有賢王者，制禮樂與法度，乃作墨、劓、腓、宫、大辟五刑。禮，度數之節文，教民以中也；樂，聲音之高下，教民以和也。古禮有五：吉、凶、賓、軍、嘉。古樂有六：雲門、咸池、大韶、大夏、大濩、大武。法，法則也。度，制度也。五，天地之中數，刑必用五者，蓋欲民恊於中也。○朱云：不義者，行事不合於宜之人也。○張云：御覽卷三百七無「其次」二字。○曹云：晉書刑法志引司馬法「或起甲兵，以征不義，廢貢職則討，不朝會則誅，亂嫡庶則縶，變禮刑則放」，與此文互相發明。○震案：御覽卷三〇七引此節及古注。

〔二〕施云：人君以一身之尊，處九重之邃，垂旒蔽明，安能見萬里之外？黈纊塞耳，安能聽萬事之多？又況南海、北海，馬牛有不及之風；大邦、小邦，周、戎有不同之索。人君將欲以周知天下之故，於此有巡狩之禮。孟子曰：「巡狩者，巡所守也。」巡守之設，豈以略地而爲？魯公之如齊乎？省四方，會諸侯，考不同也。先王之時，嘗頒以度量矣，又嘗頒以正朔矣，車則同軌，書則同文，固不容有不同者，得而考之，亦所以防之於不同之先也。巡守之設，有嘗次以設其帷，有虎賁以夾王車，有誦訓，有士訓，有行人，皆人君巡守之禮也。於以省方，則采詩觀民風，内賈觀好惡，記、禮所載是也。狩於東，則會東方之諸侯，狩而南，則會南方之諸侯，諸侯各朝於方岳之下，如書所載是也。所以省方、會諸侯者，將以考不同也。舜之時，嘗行是禮矣。五載一巡狩，同律度量衡，叶時月正日，謂之同，謂之叶，蓋所以省方、會諸侯而考不同也。成周之君，十有二歲，王乃巡守，而先之以同度量、同數器者，亦將以備王之巡守，而省方、會諸侯、考不同也。若夫春秋之世，斯禮不講，晉侯召王，夫子恐君臣之禮不如是也，書曰「天王狩于河陽」，豈無意乎？○寅云：巡諸侯之所守，察方國之善惡，會天下之諸侯，而考其有不同者，如書「輯五瑞」及「明試以功」之類是也。○源云：巡狩者，巡所守也。省方者，春省耕而補不足，秋省斂而助不給也。會諸侯者，會四方之諸侯也。考不同者，考車、書、禮、樂，制度之有不同也。○朱云：考不同，考其禮樂法度之不同者也。○震案：「省」，原訛作「者」，治要、御覽、講義、直解、集解、彙函、開宗、武備志、彙解、張校、曹校皆作「省」，當是，遂據正。省，爾雅釋詁下「察也」，邢昺疏：「省謂視察。」

〔三〕施云：王者之兵，不輕舉也，罰以當其罪，而不濫及也。方其會諸侯以考不同，其間有不同者，是必失命、亂常、背德、逆天之人也。失命者，違上所令也。亂常者，斁其彝倫者也。與夫暴虐以殘民，驕奢以縱欲，皆背德也。淫汩禮典，自用失時，皆逆天也。○寅云：其下有違失上命，紊亂典常，反背道德，不順天之時。○源云：其諸侯之君，或有逆於王命，敗亂天常，背棄明德，不順天時。○張云：治要「背」作「圮」。○震案：彙函、武備志、彙解「背」皆作「悖」。

〔四〕古注云：王者以有功德者爲君長，賊臣欲篡殺之。○施云：且夫妨功害能，而危害有功之君，有功之君似可安也，而反危之，斯人也，必與天下共誅之。君者，諸侯也。司馬溫公曰：「有民人、社稷，通謂之君。合萬國而君之，立法度，頒號令，而天下莫敢違，謂之王。」惟王者爲能爲天下除其害，然人君亦未之敢私也。蓋師出無名，事故不成；名其爲賊，敵乃可服。○寅云：而欲危殆有功之君。○源云：而傾危有功於國之主。○朱云：危有功，謂有功不賞，而反使之危殆，此無道之君也。○張云：治要脱此句。

〔五〕施云：是以偏告諸侯，欲與同除其所惡。彰明有罪，所以著其惡也。○寅云：偏告天下諸侯，彰明有罪之人。○源云：天子乃偏告于諸侯，彰明其罪惡。○張云：治要「彰」作「章」。御覽「明」下有「於」字。○震案：治要下接「天子正刑」。御覽「彰」亦作「章」。

〔六〕古注云：冢社者，天子大社也。造，就也，就造于先祖廟也。○施云：既告諸侯，彰明有罪，而天下之欲誅之者，固已屬望矣，而聖人猶以爲未也，又告之天神、人鬼、地祇。方其在天也，則皇天上帝、日月星辰，罔不舉矣。天者，帝之體；帝者，天之用也。日月五星、二十八宿，吾從而告之，則在天之神，無不知矣。其在地也，后土、神祇、山川、冢社，無不備舉。四海、山川、冢社，皆地祇也，而后土爲大焉，吾從而告之，則在地之祇，無不知矣。不獨告于上下神祇，而又且造于先王，以陳其罪，使人鬼無不知也。既明其罪，告之鬼神祇矣，而始召于諸侯之師，以行其罰。武王伐商，昭告于皇天后土，所過名山大川，載祖木主而行，諸侯會者八百國，正此道也。記曰「征類于上帝，宜于社，造于禰，受命于祖」，亦此意也。○寅云：乃告祭于皇天上帝、日月星辰，祈禱于后土四海神祇、山川冢社。皇，天也。天以形體言，帝以主宰言。日者，陽之精；月者，陰之精。星，五星，木曰歲星，火曰熒惑，金曰太白，水曰辰星，土曰鎮星是也。辰，十二次也，子曰玄枵，丑曰星紀，寅曰析木，卯曰大火，辰曰壽星，巳曰鶉尾，午曰鶉火，未曰鶉首，申曰實沈，酉曰大梁，戌曰降婁，亥曰陬訾是也。后土者，皇地祇也。四海，東曰滄海，南曰溟海，西曰瀚海，北曰渤海。神祇者，四海之神祇也，或曰凡載在祀典之神祇也。山川者，名山大川也，如五嶽四瀆之類是也。冢社者，大社也。先王，如周之文王、武王。造于先王者，告之祖廟也。○源云：復告于皇天上帝、日月星辰，禱于后土四海神祇、山川冢社，乃造于先王之廟，然後興師追討，蓋不敢輕舉其事也。○朱云：造于先王，重其事也。○張云：周禮春官太祝注引「乃」字上有「將用師」三字。周禮注「禱」上有「以」字。御覽「神」上有「之」，無「祇」。○震案：上「乃」字上，張校據周禮補「將用師」三字。「禱」上，御覽有「以」字，集解有「祈」字。「祇」，講義、直解、彙函、開宗、武備志俱同此作「祇」，集解、彙解、張校、曹校皆作「祗」，下同。祇，廣韻支韻「巨支切」，今普通話讀作「棋」，玉篇示部「地之神也」。祗，廣韻脂韻「旨夷切」，今普通話讀作「之」。説文示部：「祗，敬也，从示，氐聲。」正字通示部：「祗與祇通。」此處祇當讀如祇。冢社，大社，天子祭神之所。周禮春官大祝「掌六祈，以同鬼神示，一曰類，二曰造，三曰禬，四曰禜，五曰攻，六曰説」，鄭玄注引本篇「山川冢社」，孫詒讓正義：「冢社，即大社，在王宫之左者也。」「造」，彙函、開宗作「告」，疑涉上「告于皇天上帝」而誤。

〔七〕古注云：至于所征之國，與天子會。○施云：知戰之地，又知戰之日，則可千里而會戰，此兵之常也。天下有道，禮樂征伐自天子出，故惟天子乃可以討有罪。冢宰徵師于諸侯者，冢宰，太宰也，如山之尊，故曰冢宰。冢，大之上也。冢宰以統百官、均四海爲職者也。古者六軍之將皆六卿也，冢宰則六官之長也，入爲卿，出爲將，故冢宰召諸侯之師。然雖召其師，彼未知其何往也，故偏告于諸侯曰：「某國爲不道，征之，某年某月某日，某師至于某國。」蓋欲使之知戰之地，知戰之日，可以某日而會天子。○寅云：然後冢宰徵師旅于諸侯曰：某國今爲不道之事，當往征之。以某年某月某日，師至于某國。冢宰，六卿之長，統百官，均四海者也。○朱云：徵，召集也。某年月日，師有定期也。至于某國，師有定向也。○張云：周禮注「日」「月」上皆有「某」字，「至」下無「於」字。○震案：「年」，彙函作「歲」。

〔八〕古注云：刑者，天子之法也。刑以征不義，伐不從王者之法也。○施云：正刑者，明其征伐自天子戰也，會出非臣下所專。○寅云：相會天子，乃明正其刑。○源云：此徵師之詔也。○朱云：正刑，明正亂國之刑也。○張云：周禮注、治要、御覽俱無「會」字，觀注文宜有。○曹云：治要作「章明有罪，天子正刑」，知「會」字屬上讀。

〔九〕施云：王者之兵，弔民伐罪，豈以殺伐爲事哉？彼其亂常背德，必其諸侯也，民何罪焉？吾取其渠魁而已，民可愛也，人可安也，殺可止也。於其誓之際，而告以此焉：入罪人之地，無暴其神祇。神祇者，民之所依也，無暴之，則神得其所，而獲祐斯民也。無行田獵者，我之所取也，無行之，則物得以遂其生也。土功者，民力之所爲也，無毀土功，則民之力不傷。牆屋，民所安也，毋燔牆屋，則民得保其居。林木，民所植也，毋伐其木，則材木不可勝用。六畜、禾黍，民資以爲養，器械，民資以爲用，毋取之，則民足其所養與其所用矣。老幼者，所宜愛也，故見其老幼，則奉歸勿傷，此則老吾老，以及人之老，幼吾幼，以及人之幼也。敵之壯而有力者，不與吾校，吾無得敵之。其有傷於瘡痍，吾則醫而藥之，使得其所。此皆聖人之兵，其孰得而禦之哉？凡此皆懷柔神民之道也。乃若齊之伐燕，取其旄倪，遷其重器，項羽伐秦，燒其宮室，取其貨寶，又何足以語王者之兵？法曰：「無燔人積聚，無壞人宮室，社叢勿伐，降者勿殺。」其此意乎？○寅云：冢宰與百官施布號令於軍中曰：凡入罪人之地，無暴害國內合祀之神祇，無行田獵之事，傷農而害物，無毀傷其土功，無燔燒其牆屋，無斫伐其林木，無掠取民之六畜，馬、牛、羊、犬、豕、雞也。禾黍，穀之在野者。器械者，民家所用之器物也。見其老幼之人，奉而歸之，勿得傷害。雖遇少壯之人，他若不敢相校，勿與之爲仇敵也。或曰，不校者，不與之校也，勿敵者，勿與之敵也，亦通。蓋王者之師，誅有罪而弔無罪，彼既無罪，何必與之校，又何必與之敵哉？敵若有傷之者，命醫藥調治之，而使歸其國。○源云：師入罪人之境，禁此六者，蓋彰其討罪之義，此正所謂義見方也。若見敵之老幼，即當撫而遣回，不使其下傷之。雖遇强壯之人，而不與我争鬬，則勿與之角力也。○朱云：暴，棄也。土功，版築之事也。奉歸無傷，老幼無罪，深加賑恤也。壯者，指彼國從戎之人也。○曹云：「不校勿敵」，武備志「勿」作「無」。○震案：此句治要作「冢宰與伯布命于軍曰：『入罪國之地，無暴神祇，無行田獵，無有暴虐，無棄土功，無燔牆屋，無伐樹木，無取六畜，無取禾粟，無取器械，見其老幼，奉歸勿傷，雖遇壯者，不校勿敵，敵若傷之，醫藥歸之』」；御覽作「冢宰與伯布命于軍曰：『入罪人之地，無暴神祇，無獵田，無有虐，無毁二功，無糞牆屋，無伐樹木，無取六畜，無取禾粟，無取器城，見其老幼，奉歸勿傷，雖遇壯者，不校勿敵，若傷人，醫藥歸之』」；張校作「冢宰與百官布令於軍曰：『入罪人之地，無暴神祇，無行田獵，無有暴虐，無毁土功，無燔牆屋，無伐林木，無取六畜，無取禾黍，無取器械，見其老幼，奉歸勿傷，雖遇壯者，不校勿敵，敵勿傷之，醫藥歸之』」。燔，玉篇火部「燒也」。「奉歸」下「勿」字，彙解作「無」。校，廣韻效韻「古孝切」，今普通話讀作「叫」，報復，抵抗。左傳僖公二十三年「有人而校，罪莫大焉」，杜預注「校，報也」，楊伯峻注「校，猶抵抗」。「校」下「勿」字，彙函作「無」。歸，當讀如左傳閔公二年「歸公乘馬」之「歸」，杜預注：「歸，遺也。」

〔一〇〕古注云：三者與四方諸侯，伐無道之國，整頓其民人，舉賢良更立爲君，奉遵三法，復五官之職事矣。〇施云：兼弱攻昧，推亡固存，王者之師也。有罪者既伏其罪，邦國之事，其可廢而不舉乎？故於已弊則修之，不正則正之，使頹綱復舉，而舊俗惟新，於是乎舉賢以爲君，正復其職，而使之復得以治其國也。孟子告齊王以爲置君而後去，鄭伐許，奉許叔以居許東偏，使此舉賢立明而復其職也。武王克商，反商政之由舊，此修正其國也。式商容，立微子，亦舉賢立明也。○寅云：既誅有罪之人，天子與天下諸侯，修正其所征之國。舉用賢士，更立明君，正復上下之職。○黄云：此言賢王討不義之事。與天下相安於禮樂法度之中，賢王之初心也，不得已而用五刑，非其意也。使天下而皆能修其侯度，則兵革可以不事。至不得已而興師，亦必告諸侯，告羣神，告祖廟，行有定期，集有定地，會於天子，明正典刑。入其國而弔其民也如此，誅其君而恤其後也又如此。斯真能以仁爲本，義、勇、智、信兼而有之，而權亦行乎其間矣。○朱云：修正，修理整治其所敗壞者。○張云：御覽無「修」字。○曹云：御覽作「舉賢更立，明正復職」。治要同此，下接「古者逐奔不遠」至「讓之至也」。○震案：正復，治理而使恢復，正猶治也。禮記經解：「禮之於正國也，猶衡之於輕重也。」厥，爾雅釋言「其也」。「復厥」，彙函作「刑授」。

王霸之所以治諸侯者六〔一〕：以土地形諸侯〔二〕，以政令平諸侯〔三〕，以禮信親諸侯〔四〕，以材力説諸侯〔五〕，以謀人維諸侯〔六〕，以兵革服諸侯〔七〕。同患同利，以合諸侯；比小事大，以和諸侯〔八〕。

〔一〕施云：有君諸侯之德者，必有制諸侯之法。王伯之德，皆足以君諸侯矣。故其所以治之者，必兼是六者而用之。且治諸侯者，王者之事，諸侯何與焉？伯，諸侯之長也，爲奉行天子之治，而以治諸侯，故亦得以治諸侯也。衛公曰：成有岐陽之蒐，康有酆宫之朝，穆有塗山之會，齊威有召陵之師，晉文有踐土之盟，六者之法，伯者得無與乎？○寅云：王者，往也，言天下之所歸往也。霸者，長也，爲天下諸侯之長也。王霸之所以平治天下諸侯者有六事。○張云：御覽卷三百四無「六」字。○震案：御覽卷三○四引自此以下至篇末「則滅之」及古注。「霸」，講義、彙函、武備志皆作「伯」。朱駿聲説文通訓定聲：「霸，叚借爲伯。」「六」，集解作「八」。觀源注，乃於「以土地形諸侯」云云六事下，又增「同患同利」、「比小事大」二事，遂計爲八。

〔三〕古注云：列，相也，相諸侯優劣，而封之以地，德廣受土廣，德小受土小也。○施云：不有以據形便之勢，則無以示天下之强。天子規方千里，以爲甸服，其餘以爲公、侯、伯、子、男，苟不壯龍虎之威，控險固之要，而示以形勢之强，則何以服諸侯哉？高祖都關中，張良謂曰二面，而以一面東制諸侯，此王者以土地而形之，如周禮曰「制畿封國以正邦國」是也。○寅云：以土地之多寡，示强弱之形於天下之諸侯，如天子地方千里，大國地方百里，小國地方五十里是也。○源云：「形」，當作「封」，謂以土地封諸侯也。○曹云：御覽「形」作「列」。○震案：「地形」，張校作「利列」。又御覽四部叢刊之本「形」字作「刑」，據注文當係「列」字之訛。

〔三〕古注云：王者以道德善政教訓諸侯，平均之。○施云：既形之以土地，則必有政令以平之。蓋諸侯之國，大者連城數十，小者五六十里，强或得以陵弱，衆或得以暴寡，其不平也久矣。今也有政令以平之，則無不均者焉。故法制一行，而無彼此之殊，命令一出，而無南北之異，其平也可知。大司馬掌邦政，以佐王平邦國，此王者平諸侯以政令也。齊威葵丘之五令，而使諸侯咸服，此伯者之平諸侯也。○寅云：以政事法令平天下之諸侯。○朱云：平，定其亂也。○震案：「政令」，御覽作「正命」，集解作「政命」，張校作「正令」。

〔四〕古注云：謙恭愛惠，接待諸侯。官命誠信，以治民心。○施云：既平之矣，復欲有以親之。禮信者，所以親諸侯也。朝覲有禮，盟誓有信，所以使之相親也。三年小聘，五年大聘，禮也。復修舊好，請成而還，信也。朝必以春，覲必以秋，宗必以夏，遇必以冬，而存省、聘問亦各有時，皆禮信之所寓也。君子結二國之信，而要之以禮，諸侯其有不親乎？大宗伯以賓禮親邦國，此禮也；齊威不歃血，此信也。乃若天王出狩，周、鄭交惡，禮信則忘矣，何親諸侯？○寅云：以禮與信親天下之諸侯。○朱云：親，親附也，洽其心也。○張云：御覽「親」作「結」。○震案：武備志無「親」字，疑脱。

〔五〕古注云：材，能也。力者任重理煩，能堪物理事，位高力大，故諸侯悦來，各修其職任。○

施云：若夫材力所顯，則所以説之也。蓋知所以用其能，斯可以樂其心。人之有能，材力之所自出也。有材力而上不用，則其意有所未愜；有材能而上用之，則人得以盡其所長。邦國之間，喜之悦之，以其能之有所施也。傳曰：「有功見知則悦矣。」周大夫曰：「我周之東遷，晉、鄭焉依。」是亦欲有以悦之也。○寅云：以材力之士，説懷天下之諸侯。○朱云：説，懷其志也。○曹云：武備志「材」作「財」。○震案：「材」，開宗、彙函同武備志，亦皆作「財」，張校作「才」。

〔六〕古注云：維，持也。諸侯遠方來，不奉制令，驕佚自專，故立牧伯，維持督御之。○施云：以謀人維諸侯者，謀人者，有謀之人，如泰誓所謂「今之謀人」、「古之謀人」也，取其有智也。取其有智也，牧監是也。於諸侯之上，而擇一有謀人，以爲之牧監，則諸侯之勢有所統屬而不散，惟設謀人以維之。故齊、楚無南北之分，許、鄭無東西之別，其情交意密，有不可得而離者矣。禮曰「建牧立監，以維邦國」，此也。○寅云：以智謀之人維繫天下之諸侯。○朱云：維，固其變也，結繫之也。○張云：據注，正文「謀」字宜作「牧」。

〔七〕施云：既維之矣，而有不循理者，則兵革之所加。終之以兵革服諸侯，蓋天下之人善惡常相半，而賢不肖雜處乎？其中王伯之治，信可以治矣，其間有不可治者，其可無以服之乎？兵革之用，所以嚴之也，如周禮「九伐之法正邦國」是也，而齊人之於楚，亦曰：「昔周公命我太公曰：『五侯九伯，女實征之，以夾輔王室』」。此王伯之治也。是六者不容無先後之序：始而土地形之，而有其國矣，必平之以法令。既平矣，無以親之，則無以叶其心，故有禮信以親之。既親之矣，而其才力可任者，又當有以說之。既說之，又以謀人維之，使知所聯屬。五者既備，亦足以治矣，而王霸猶以爲未也，尚恐有不服者，又有兵革以防之焉，故終之以兵革服諸侯。○寅云：以兵革之力畏服天下之諸侯。○朱云：服，屈其心也。○張云：御覽無此句。

〔八〕古注云：明約有功賞之，奢淫不從罰之，所以合諸侯也。比，次也。使小國事大國，不失尊卑之序，以協諸侯也。○施云：有以一好惡之心，則邦國可得而叶；有以通彼此之情，則邦國可得而諧。蓋所欲與聚，所惡與去，然後無不合矣；尊者統卑，卑者從長，然後無不和矣。今夫胡、越之人，同舟遇風，可使相救，此合之之意也；和羹之法，鹽梅必欲相得，此和之之意也。合則兩相合而已，和則無所不合焉；此和合之分也。衛爲狄所滅，是患可同也；邢爲狄所滅，而患亦可同也；齊遷之夷儀，又所以同其利也。齊封之楚丘，蓋所以同其利也。其於合諸侯也何有？鄭之善事晉、楚，事大也；楚之許成於鄭，比小也。其於和諸侯也何有？乃若荆伐隋敗秦，而諸侯莫之救，惡在其爲同患？齊人使盡東其畝，烏在其爲同利？諸侯之不合，爲有由矣。郳，小國也，而侵齊，烏在其爲事大？齊，大國也，而滅譚，烏在其爲比小？諸侯之不和，亦有由矣。○寅云：與之同患，與之同利，以會合天下之諸侯。比，親比也。親其小國，事其大國，以和睦天下之諸侯。○源云：此八者，乃天子臣服諸侯之道，即周禮「九法」之遺意也。○黃云：此言王霸治諸侯，而因及和合諸侯之事。示形勝，如孟獻子請城虎牢逼鄭，以服諸侯，晉從之，鄭畏而求成是也。立政令，如齊桓盟諸侯於葵丘，以申五命是也。先禮信，如子産謂范宣子爲晉國，不聞令德，而聞重賄，宣子乃輕幣是也。以財力懷人，如魯因晉弗許齊成，曰「子得國寶，我亦得地，其榮多矣」，於是使齊還魯汶陽是也。以謀人結繫，如仲孫湫告桓公「務寧魯難，親有禮，因重固，間攜貳，覆昏亂，霸主之器」是也。以兵革服鄰，如宋告急，先軫謂「報施救患，取威定霸，於是乎在」，晉乃蒐被廬、謀元帥是也。有此六事，則義、勇、智、信兼盡，而又同利害以合之，親小大以和之，則仁又爲本，以運於六事之中，此王霸之所爲治也。○朱云：合，連屬也，合爲一體也。比，親厚也。和，睦也。○曹云：「同患同利」，武備志作「同利同患」。○震案：彙函、開宗同武備志，亦作「同利同患」。御覽脱「事」字。

會之以發禁者九〔一〕：憑弱犯寡則眚之〔二〕，賊賢害民則伐之〔三〕，暴内陵外則壇之〔四〕，野荒民散則削之，負固不服則侵之〔五〕，賊殺其親則正之，放弑其君則殘之〔六〕，犯令陵政則杜之〔七〕，外内亂、禽獸行則滅之〔八〕。

〔一〕古注云：王者恐禁命不行，以亂風化，故發九伐三禁以申勑之。○施云：先王防諸侯也至，故其戒諸侯也嚴且備也。先王之時，「四方其訓」，「百辟其刑」，諸侯「率由典常」，豈容有輕犯上之禁哉？無有也。無有是事而發，是書果何意哉？爲之備，以防之於未然之前也。防之既至，則諸侯心無敢犯之者。「九禁」之法，何時而發之？當其會諸侯之時而發之。時見曰會，則會者以時而見也。廣行人時會以發諸侯之禁者，此也。○寅云：「發」當作「法」。會合諸侯，以法度禁令者有九事，即周禮大司馬九伐之法也。○朱云：發禁，發明天子之禁令也。○張云：御覽「以」上有「所」字，無「者九」二字。○震案：「發」，彙函作「法」。

〔二〕古注云：侮弱侵寡，則四面削其地。○施云：諸侯有憑弱犯寡者，則眚之。蓋先王之時，建國有小大，分民有衆寡，未嘗不欲比小事大以和之也。今也或恃其力之强而憑陵於弱者，恃其民之衆而侵犯於寡者，吾從而正之，則曰「眚」。眚者，瘦也，災也。黜其爵命，削其土地，如人之瘦焉，故曰災。○寅云：憑陵干犯國之寡弱者，則眚之，謂四面削其地也。○朱云：憑，恃而陵之也。以强凌弱曰憑。犯，暴而亂之也。以多暴寡曰犯。眚，削其四隅之土地也。○張云：御覽「憑」作「凌」。○震案：自此以下至「則滅之」，亦見於周禮大司馬。

「眚」，御覽作「沮」，武備志作「侵」。眚，廣韻梗韻「所景切」，今普通話讀作「升」之上聲。

〔三〕施云：督可與共治，民可與共守。今不能用賢，而反賊之；不能愛民，而反害之；如欲正之，則有伐。伐如伐木焉，伐而去之也。左氏曰：「凡師有鍾鼓曰伐。」此伐之意也。○寅云：賊殺賢人，擾害良民，則伐之，謂聲其罪而致討之也。○朱云：伐，聲其罪而討之也。○震案：「賢害民」，御覽作「傷人」，開宗作「害民賢」。

〔四〕古注云：言諸侯内外與臣下，無禮而暴虐之，外輕慢小人，不恤誠禁，則置之空壇無人之地。○施云：暴内則賊賢害民，陵外則憑弱犯寡也。一之爲甚，可再乎？諸侯有此二者，則會諸侯爲壇，明揚其罪以伐之。鄭氏釋周禮，以壇爲墠，遂舉記曰：「出其君，置之空墠以明之。」○寅云：暴虐國内之民，欺陵境外之國，則壇之。壇讀曰墠，謂置之空墠之地，出其君，更立其次賢也。○朱云：暴内，謂内虐國人也。陵外，謂外欺諸侯也。壇之，謂置之空墠之地，廢其君，而更立賢者也。○曹云：御覽「陵」作「篌」，「壇」作「壜」。注云「則置之空壇無人之地」，大司馬注引王霸記曰：「置之空墠之地。」壇，鄭讀如墠。壇，蓋形近之誤。○震案：壇，通墠，集韻獮韻「上演切」，今普通話讀作「善」。説文土部「墠，野土也」，段玉裁注：「野者，郊外也。野土者，於野治地除草。」析言之，則壇又於墠地平整之後聚土爲壇，爲祭祀之所。詩鄭風東門之墠「東門之墠」，孔穎達疏：「徧檢諸本，字皆作『壇』，左傳亦作『壇』。其禮記、尚書言壇、墠者，皆封土者謂之壇，除地者謂之墠，壇、墠字異，而作此『壇』字，讀音曰『墠』，蓋古字得通用也。今定本作『墠』。」

〔五〕施云：野荒者，地不治也。民散者，民不安其居也。夫土廣而任則國富，民衆而制則國治。今也有曠土，有流民，故削之。削者，削其地以貶之也。若夫負固不服，則有山川、城池之固，負此而不服，如苗氏之左洞庭、右彭蠡，而有不率之罪，可不加兵以侵之乎？傳曰：「無鍾鼓曰侵。」侵者，侵其地，未至於伐也。柳宗元作侵伐論，舉春秋侵伐之説，舉周禮侵伐之説。所謂伐者，聲其惡於天下也；所謂侵者，獨以其負固不服而違王命也，其過惡未至於暴白於天下。伐者，爲人之舉公也；侵者，爲制命之舉私也。○寅云：田野荒蕪，人民逃散，則削之，謂削其地，貶其爵也。負地之險固，不肯服從者，則侵之，謂偃旗卧鼓而侵之也。○朱云：削，謂削其地，貶其爵也。負固，恃其險固，不服上令也。侵，偃旗卧鼓，潛師入境，而侵之也。○震案：「民」，彙函作「田」。「服」，御覽作「伏」。

〔六〕古注云：悖逆人倫，則攻殺也。盡殘滅其首惡輩類也。○施云：以至賊殺其親，放弑其君，又其惡之大者也。未有仁而遺其親，未有義而後其君。親，所當愛也，而賊殺之，如衛侯之殺弟、鄭伯之克段，皆不能親之也；君，所當尊也，而放殺之，如崔杼之弑、楚人之弑，皆不能尊君也。故必有以正其罪，害之殘之，所以除之也。○寅云：賊殺其同姓之親則正之，謂治其罪也。放弑其本國之君則殘之，謂殘滅其國也。○朱云：親，同姓也。正，治其罪也。殘，謂毁壞其國也。○曹云：注云「悖逆人倫，則攻殺也」，大司馬注引王霸記曰：「正，殺之也。」御覽「弑」作「殺」。注云「盡殘滅其首惡輩類也」，大司馬注引王霸記曰：「殘滅其爲惡。」○震案：周禮夏官大司馬「放弑其君，則殘之」，鄭玄注：「放，逐也。」「弑」，開宗同御覽亦作「殺」。

〔七〕古注云：侮王者法則土塞，不命與鄰國交通。○施云：若夫犯令陵政，不服王化者也，故從而絶之。○寅云：犯上之令，陵國之政，則杜之，謂杜塞之，使不得與鄰國交通也。○源云：杜，塞也，言其無禮而杜絶也。○朱云：杜，絶之不與相通也。○曹云：御覽「令」作「命」，「陵」作「凌」，「政」作「正」。○震案：「政」，曹校亦作「正」。「杜」，講義作「絶」。

〔八〕古注云：諸侯淫亂，失人倫，内外不别，與禽獸同行，不可以示百姓，則誅滅盡矣。○施云：曰外亂，鳥獸行，則是不可與於人也，故夷滅之，使不復齒於人。是九者，與周禮九伐之法略無少異，名其書以司馬法，豈不宜哉？○寅云：外内紊亂，與鳥獸同行，則滅之，謂滅其國，毁其宗社也。胡氏曰：「凡兵，聲罪致討曰伐，潛師入境曰侵，兩兵相接曰戰，環其城邑曰圍，造其國都曰入，徙其廟市曰遷，毁其宗廟杜稷曰滅，詭道而勝之曰敗，悉虜而俘之曰取，輕行而掩之曰襲，已行而躡之曰追，聚兵而守之曰戍，以弱假强而能左右之曰以。皆誌其事實，以明其輕重也。」○源云：此九者，天子征伐諸侯之大義，乃周禮之全文也。○王世貞云：古者，仁義之師，非正則權，正所以愛吾民，亦所以愛其民也，況國不可忘戰，安不可忘危。必也明其仁、禮、信、義、勇、智，以爲民紀，乃爲聖德之至。其次遇無道之君，申其罪，告之皇天后土，徵各國之師，以誅有罪者，更舉賢立明，以六政治之，以九法禁之。此三代仁義之師也，而五伯齊桓、晉文庶幾近之。○黄云：此言王伯發施禁令之事。上六事懷之於未發之前，此九事禁之於已發之後，以見不得已而用戰，無非仁天下之心也。○朱云：外內亂，淫汙不分内外也。禽獸行，如鳥獸之聚麀也。○曹云：注云「諸侯淫亂，失人倫，内外不别，與禽獸同行，不可以示百姓，則誅滅盡矣」大司馬「禽」作「鳥」，注引王霸記曰「悖人倫，外内無以異於禽獸，不可親百姓，則誅滅去之也」，知注「則誅滅盡矣」正以釋「滅之」二字，張澍以爲法文而補之，恐誤。○震案：注文「則誅滅盡矣」，御覽誤將其竄入正文，張校亦仍之，又誤，當以曹説爲是。

天子之義第二

寅云：天子之義者，君道也。君道無所不備，而獨以義言者，義主果斷。書曰「以義制事」，兵又事之大者，非義不能果斷而裁制，此所以獨以義言也。以首有「天子之義」四字，故以名篇。○黄云：此言教習士衆之事。取首句名篇。

天子之義，必純取法天地而觀於先聖〔一〕。士庶之義，必奉於父母而正於君長〔二〕。故雖有明君，士不先教，不可用也〔三〕。

〔一〕天子奉天地之道，調和陰陽四時之氣，順先王之法度也。○寅云：純者，純一而不雜也。天子之義必純一，而取效於天地。天地之道，春生而夏長，秋收而冬藏，天子亦法天地之道，仁以愛之，義以制之，禮以敬之，智以別之，一寬一猛也。天地之道，陽舒而陰慘，陰殺而陽生。天子亦法天地之道，修德而行政，明刑而慎罰，一張一弛也。又觀先世聖王已往之跡，而儀刑之，此天子之義也。○源云：帝王，天之子也，故曰天子。天子之義，必當取法於天地。天以高而覆物，地以厚而載物。天地以生物爲心，風霆流形，品物滋生，皆由二氣之所育，故春則生之，夏則長之，秋則遂之，冬則成之。人君之治天下：以禮教之，法乎春也；以樂化之，法乎夏也；以刑糾之，法乎秋也；以政正之，法乎冬也。故一號一令、一動一止，皆取乎天地之法，然猶觀於先聖之所爲，而不背於道義，此所以合於天地之德也。

○朱云：義者，事之宜也。法者，則效之意也。先聖者，開創之祖也。○震案：御覽卷二一九七引自此以下至「故德義不相踰」及古注。「法」，御覽作「於」。

〔二〕古注云：士庶必從父母之教、君長之命。○施云：尊卑異分，小大殊事。尊莫尊於天子，則天子之事，取其大者焉；卑莫卑於庶人，則庶人之事，取其小者焉。取法天地，觀先聖，天子之義，尊者取其大也；奉父母，正於君長，庶人之義，卑者取其小也。事得其宜之謂義，尊而天子必有義焉。仰則觀象於天，俯則觀法於地，中則觀道於先聖，兼三才而效之者，蓋以君子輔相天地之宜，裁成天地之道，則取法天地者宜矣，「鑒于先王成憲，其永無愆」，則觀於先聖宜矣。易曰「法象莫大乎天地」，傳曰「率由舊章」，此天子之義也。堯、舜垂衣裳而天下治，蓋取諸乾坤，是法天地也，若稽古，是觀於先聖也。三略有之：「聖人體天，賢者法地，智者師古。」又何其區別哉？合而言之也。卑而士庶亦有義焉，其所以爲事之義者，奉於父母而正於君長也。蓋人無父何怙？無母何恃？此士庶之所當奉也。非長不治，非長不教，此士庶之所當取正也。未有仁而遺其親，未有義而後其君，則士庶之於父母君長，所不可後也。詩曰：「父兮生我，母兮鞠我。」得無以順之乎？書曰：「天佑民作之君，作之師。」是則君長其可不取正之乎？○寅云：士，秀民也。庶，衆民也。或曰，士即古之上士、中士、下士也。爲士庶之義，内必奉養其父母，上必取正於君長。○源云：士庶，人之義。內則敬奉於父母，以盡其孝；外則取正於君長，以盡其忠。此即下文士必先教之意也。○朱云：義，自修之義也。奉，遵守其教也。正，去其不正者以就於正也。君長，人君長上也。

〔三〕古注云：雖有明君，士不教習，不可以受敵也。○施云：有國必有兵，有兵必有教，戒備不虞，太平之世也。然不教民戰，是謂殃民，仁人之兵，豈以殃民哉？教之於其初，而以待有警之用也。故君雖明矣，而教不素行，則民不知戰，其可用乎？昔者昭義步兵、雄邊子弟在當時之教爲如何？此特一時之事也，而況於明君乎？成周之時，大司馬之職四時之教，亦以致意於此也。是以雖有明君，士不素教，不可用也。後周世宗其於兵也，練選有法，教導有術，率之征伐四方，士卒精强莫之敢當者，以教之素也。乃若穆宗時，朱賊之變，唐宗乃率市人而與之戰，其殃也爲如何？是烏足與語明君之世？○寅云：故雖有明聖之君，而士不先訓教，不可任用也。或曰：士，教民之官也，即以不教民戰，是謂棄之之義也。○源云 士不素服教令 則材器不能成 心腹不相得 故雖有明之君 亦不可得而用矣。○黄云：此言自天子以至庶人，其義必有所觀法而取正。故明君欲用士，教導不可不先。法天地，觀先聖者，生長收藏，即仁義禮智之用，先聖又先我而法天地者，觀先聖即所以法天地，然欲法天地、觀先聖，尤當存天地先聖之心。○朱云：用，用以戰也。

古之教民，必立貴賤之倫經，使不相陵〔一〕。德義不相踰，材技不相掩，勇力不相犯〔二〕，故力同而意和也〔三〕。古者國容不入軍，軍容不入國，故德義不相踰〔四〕。上貴不伐之士。不伐之士，上之器也，苟不伐則無求，無求則不爭。國中之聽，必得其情；軍旅之聽，必得其宜，故材技不相掩〔五〕。從命爲士上賞，犯命爲士上戮，故勇力不相犯〔六〕。既致教其民，然後謹選而使之〔七〕。事極修，則百官給矣；教極省，則民興良矣；習貫成，則民體俗矣：教化之至也〔八〕。

〔一〕施云：兩貴不能以相事，兩賤不能以相使，無君子莫治野人，無野人莫養君子，二者角立，又烏有陵犯之變哉？且天尊地卑，自兩儀既奠之後，而貴賤之勢，已立乎其中，然民之蚩蚩，教然後知其所以教之也。必先立貴賤之倫經，使之不相陵犯，則天下以無事而治矣。倫，類也，立之倫一定而不易；經，常也，立之經有常而不亂。且以軍法觀之，必有大將，有左右將，有偏裨，有師伯，而又有長正卒伍，而貴者役賤，賤者役於貴，而毋或陵犯，此古之教也。○寅云：古聖王之教民，必立貴賤之倫次，使知上下之有序；定經制，使不相侵陵也。○源云：古之教民者，必立貴賤等第之常經，使之貴有常導，賤有等威，各安其分而不相陵侮也。○朱云：倫，倫序也。經，經制也。陵，侵陵也。○曹云：御覽「倫經」作「經綸」,「陵」作「凌」。○震案:「使」下,御覽又有「高下」二字。「陵」,彙函亦作「凌」。

〔二〕施云:事有出於相似,而其實不能無間者,不可不卞也。不有以卞之,則得以相奪而無别矣。紫之亂朱,鄭之亂雅,莠之亂苗,此易卞也;德義、材技、勇力,此其所難卞者焉:一淺一深、一精一粗之間耳。德者本乎己者也;義則臨敵度宜而已,未至於德也。三略曰「德者人之所得」,「義者人之所宜」,德義之間一間耳,故易至於相踰,必有以别之,故不能相踰。踰,如卑踰尊、疏踰戚之踰同,踰有踰越之義焉。材,人有能者也;技,則一藝之長而已,未至於材也。傳曰「任官惟賢材」,又曰「人之有技」,材技之間亦一間耳,故易至於相掩,有以别之,故不能以相掩。掩有掩蔽之義,如日掩人之過之掩同。勇,果於有爲也;力則一夫之强耳。孟軻於義,此勇也;力如烏獲,此力也。勇力相同,易以相犯,故有以卞之,而後不至相犯。有陵犯之心,如好犯上之犯同。○寅云:有德義者不得相踰,有材技者不得相掩,有勇力者不得相犯。○源云:古者國容不入軍,軍容不入國。蓋國容乃衣冠文物之貌,軍容乃甲冑武勇之貌,文貌不入於軍陣,武勇不入於朝堂,所以德義不相踰也。凡於一國而取聽於人者,則所聽必得其實;於三軍之中而取聽於人者,則所聽必得其宜。此所以人之有材、有技、有勇、有略者,必得其實而見用於時,不爲猜忌妒嫉之人遮掩而見棄也。順於教令而爲士者,上必賞之;犯於教令而爲士者,上必殺之。此所以勇力不相侵犯。勇力相犯者，若潁考叔取鄭伯之旗蝥弧先登，而子都自下射之是也。○朱云：踰，越也。材技，材能技藝也。掩，蔽賢也。不相掩，各見其長也。犯，擊搏也。○震案：「技」，御覽作「伎」，講義作「枝」。

〔三〕施云：三者既以不相紊，故力同意和而無少乖戾也。○寅云：方者，向也，謂所向必心同而意和也。一本作「力同」，未知是否。○源云：謂如此則方略相同，而意氣和合也，詳見下文。○曹云：御覽作「故力同意和」。武備志「力」作「方」，形近之誤。○震案：直解、集解、彙函、開宗、彙解「力」亦俱作「方」，據曹説「形近之誤」，則寅云「方者，向也，謂所向必心同而意和也」，又誤矣。

〔四〕古注云：治國以仁德，軍事以勇，德以從化，義以法斷，以國容入軍則軍敗，軍容入國則國亂也。○施云：國尚德，軍尚義。軍容入國，是義踰於德，其失也剛；國容入軍，是德踰於義，其失也弱。內外有異儀，國有國之容，軍有軍之容，國容不可以入軍，猶軍容之不可以入國。國主仁柔，軍主威武，二者其可以相犯乎？惟軍國之容不得以相犯，此德義所以不相踰也。保氏以六儀教國子，有曰「朝廷之容」、「軍旅之容」，而法亦曰「國容入軍則民德弱，軍容入國則民德廢」，兩者各有所別，德義安得而相踰？○寅云：天子穆穆，諸侯皇皇，大夫濟濟，士子蹌蹌，揖讓、進退、升降、跪拜，周旋中規，折旋中矩，此國容也，所以不可入於軍；武夫前呵，壯士後隨，旌旗麾幟，金鼓笳笛，坐作、進退、分合、解結，此軍容也，所以不可入於國。故有德義者不得相踰也。

〔五〕古注云：不伐之士，治國必得其實，在軍必得其宜，故先貴而用之。○施云：人惟不伐，則無求勝人之心。苟有所矜夸，而務有相勝焉，則必文其所不能，飾其所未有，以求掩人之才，何所不至也？哀公二年，鐵之戰，晉敗鄭。簡子曰：「吾伏㱿嘔血，鼓音不衰，今日我上也。」太子曰：「吾救主於車，退敵於下，我右之上也。」郵良曰：「我兩靷將絶，我能止之，我御之上也。」夫既爭以爲上，則勇者夸其勇，力者矜其力，而求以掩人之功，此陵犯之風所由起。今也以不伐之士而貴之，不伐之士，上之所重也，故曰器。人苟不伐則無所求，無所求則無所爭。國中之聽論功也，軍旅之聽亦論功也，不獨謂聽訟也。聽論功於國中，必得其情者，如漢高論功，以蕭何爲第一，太宗論功，以房、杜居其首，此爲得其情也；聽於軍旅，則如太宗論仁貴之功，則立賜之金，光弼擒周贄，而賜戰者之縑，斬不戰者也；如此則勇力豈得而相犯乎哉？成公二年，郤伯見晉侯。公曰：「子之力也夫！」曰：「君之訓也，二三子之力也，臣何力之有焉？」范叔見，勞之如郤伯，對曰：「庚所命也，克之制也，燮何力之有焉？」欒伯見，公亦如之，對曰：「燮之詔也，士用命也，書何力焉？」苟如此，烏有勇力而相犯者乎？○寅云：在上者當貴重，不誇伐功能之士；不誇伐功能之士，乃在上者之器用也。或曰：上之器，上品之器也。苟不誇伐，則無求於人；既無求於人，則與人無所争也。昔馮異見諸將争功，每屏大樹下，得此道矣。在國中聽斷事務，必要得民之情狀。聽訟、聽政之聽，得其情而斷其是非可否也。在軍旅中聽斷事務，必要得其所宜，若不合宜，必有濫賞罰者。故有材技者不得相掩也。○朱云：不自伐，不自誇功也。上之器，君上以我爲成器而可用也。無求，無求於人也。聽，斷也，聽訟、聽政也。必得其情，得民之情狀，而能斷其是非可否也，在國而能治國也。軍旅之聽，軍旅之中聽斷事務也。宜，機宜也，若不合宜，必有濫賞苛罰也，在軍而能治兵也。○曹云：「上貴不伐之士，不伐之士」，御覽無下四字。「故材技不相掩」，御覽無此句，上有「此貴不伐之士也」七字。按後漢紀引「苟不伐則無求，無求則不争，不争則不相掩」，知法文當有「故材技」句。○震案：御覽卷二七二引「上貴不伐之士」以下至「則民興良矣」（御覽「民」作「人」）及古注。上「無求」，張校作「不求」。「技不」下，彙函無「相」字。

〔六〕施云：昔吴起與秦戰，未合，有一夫不勝其勇，前獲雙首而還，吴起立斬之。軍吏曰：「此材士也。」起曰：「非吾令也，遂斬之。」人惟不知令，而惟己之欲爲，此所以相犯也。今以從命而爲上賞，犯命爲上戮，則勇者不得以獨進，力者不得以强争，故不相犯。三麾至地，諸軍争奮，周麾而呼，鄭師畢登，此從命者也。若夫彘子以編師陷，二子各以其私往，其犯命爲如何？既犯命矣，勇力烏得而不相犯乎？○寅云：聽從命令爲我士者，授之以上賞；干犯命令爲我士者，治之以上戮，故有勇力者不得相犯也。○曹云：御覽「故」下有「其」字。

〔七〕施云：天下未嘗無不可用之人，特在上之人教之未至也。教之既至，揀之又精，何人之不可用哉？善觸莫如牛，置之輪衡，可使之耕；善蹄莫如馬，設之銜勒，可使之馭。物且然爾，況於人乎？是以古人既致教其民矣，然後謹選而使之。吴子曰：「揀募良材。」尉繚子曰：「教成試之以閱。」閱者，簡閱也。簡而閱之，謹選而使之，揀士之意也。晉彼廬之蒐，作三軍，謀元帥，此意也。不然，魯冬太閱，君子何以曰「簡車馬也」？○寅云：既推致教道於民，然後謹慎選擇其能者任使之。○源云：士不先教，則不可用。今既教其民，而皆可用矣。然猶慎擇其人而使之。苟不慎擇其人而輕信委任，則豈無趙括談兵之事哉？○吴云：致，推極也。選，簡擇其能者而任使之也。

〔八〕施云：凡三軍之所寓者既無有不善，則臣民之寓於兵者，同歸於治矣。事極其修，則百官給者，饋糧之任，器械之司，法算之職，天地之官，各極其修，而各司其事，然後可以共其所用也。教極省，則民興良者，金鼓之節，旌旗之度，奇正之術，作坐進退之令，皆極省約，而後民興於善。習貫成，則民體俗者，習而貫熟，手便擊刺，足便馳逐，舟車利進止節，凡事出於所習，無不如自然，故民與俗相體矣。成周之時，若作民而師田行役，則各治其事。此事極修也，四時有時田之教，此教極省也，至於以俗教安而民不偷，則習慣成也。此非教化之極其至，烏能至此？○寅云：事極修整則百官給足矣，教極省察則民興良善矣，習貫既成則民體風俗矣。貫與慣同，習貫如自然是也。凡此，皆人君教化之至也。○源云：事極修習，則百家有謀之言，皆足備矣。教極省察，則民習其訓誨，而興起爲賢良矣。軍旅之士，固非一州一郡之人，今已先教，習慣性成，則民體於上意，而成一國之俗矣。此以上者，皆教化之至而致然也。○黄云：此言教民之經。教立而後其民可使，貴賤不拘爵秩，凡德義、材技、勇力各不相陵越，自然方向同而意氣和。國容不入軍，如穰苴之戮左驂（景公遣使持節救莊賈，馳入軍門，穰苴斬其僕及馬之左驂），韓信之斬引騎（漢王使酈生赦殷蓋，馳軍門，韓信以君命在，斬其引馬之騎），自無踰於德義矣。上貴不伐，如范文子之後入（晉師歸，武子曰「無爲我望爾也乎」，文子曰「師有功，先入，必屬目焉，代帥受名，故不敢」），郤克之讓功（克見晉公，公曰「子之力也」，對曰「君之訓也，二三子之用命也，臣何力之有」），馮異之居樹下（異見諸將論功，獨屏居大樹下，爲上所器重），自無掩於材技矣。從命賞，犯命戮，晉文飲至大賞，三罪而民服（顛頡爇負羈氏，祈瞞失大旆之左旃，舟之僑先歸，皆斬以徇），自勇力不相陵矣。貴賤之經明，然後百官給足，百姓興良而體俗，教化所以爲至也。○朱云：事，教訓之事也。修，整飭也。給，足用也。省，簡約也。良，指仁義忠信之良心也。興良，民之從之也易，而興起於善良也。貫成，訓習熟慣至於成就也。體俗者，民皆體做力行變爲風俗也。至，極也。○曹云：「則民興良矣」，御覽「民」作「人」。

古者逐奔不遠，縱綏不及，不遠則難誘，不及則難陷〔一〕。以禮爲固，以仁爲勝，既勝之後，其教可復，是以君子貴之也〔二〕。

〔一〕施云：「戰謹進止」，法嘗言矣。以教坐作、進退、疾徐、疏數之節，周禮有是法矣。夫戰者，欲民知節也。逐奔北之師不得遠追，遠追則爲人所誘；縱其車綏不得及之，及則爲人所陷。今也逐奔不遠而難誘，縱綏不及而難陷，此節制之師也。○法前言：「逐奔不過百步，縱綏不過三舍，是以明其禮也。」禮，節民心者也，杜預注秦、晉河曲之戰言之詳矣。○宣云：古之戰者，逐人奔敗之兵不欲甚遠，從人退還之兵不必及之。不遠則難爲彼所誘，若龍且逐韓信，爲信誘，過濰水而敗之。不及則難爲彼所陷，如龐涓從孫臏，爲臏算，至馬陵而殺之。此古之爲將者所以逐奔不遠而縱綏不及也。○源云：古之善戰者，追逐敵人不過百步，所以不遠；縱容敵退不可越三舍，所以不及，故不遠則難誘我，不及則難陷於敵。然敵人亦有真敗而不可追、有真退而不可擊者。若唐太宗追薛仁杲於圻墌，是真敵也；曹劌登車以望齊師，旗靡而轍亂，是真退也。兵固有形同而勢異者，若龐涓陷馬陵道，是過三舍而取敗也。○張云：左氏傳注及治要「縱」皆作「從」。左氏傳注引「不遠」「不及」上有「逐奔」「從綏」字。○曹云：治要、御覽作「古者逐奔不遠，從綏不及，所以示君子且有禮，不遠則難誘，不及則難陷」。左文十二年傳「乃皆出戰，交綏」，杜注引「逐奔不遠，從綏不及，逐奔不遠則難誘，從綏不及則難陷」，與今本同，亦無「所以示君子」八字，疏云「魏武令引司馬法云『將軍死綏』，舊説綏，卻也」，舊説即司馬法注。文選任彦昇奏彈曹景宗注引「將軍死綏」，注：「綏，卻也。有前一尺，無卻一寸。」似此注即魏武帝所作。觀魏志武帝紀引「將軍死綏」，裴注引魏書云：「綏，卻也。有前一尺，無卻一寸。」魏書所引當亦魏武帝令，而與司馬法注同，故知爲魏武帝注。○震案：御覽卷三〇七引自此以下至「以致民志也」（御覽作「以致意也」）及古注。「縱」，曹校引治要、御覽並作「從」，御覽四部叢刊之本作「縱」。「綏」原訛作「緩」，御覽、講義、直解、集解、彙函、開宗、武備志、彙解、張校、曹校皆作「綏」，當是，遂據正。縱綏義詳見仁本篇「縱綏不過三舍」注釋。「縱綏不及」下，張校據治要、御覽亦補「所以示君子且有禮」八字。

〔二〕施云：事有可以行之一時者，有可以行之千萬世而不可易者。行之一時者，術也；行之千萬世者，道也。道也者，固在於禮，勝在於仁，是以道化民也。化之以道，而不事權譎之事，豈徒一戰而止？雖千百戰用之可也；此既勝之後，其教可復也。復者，再用也。以禮爲固者，禮可以撿束，周旋動容無敢少違焉，而又名分之所在，爲不可犯，則其固爲如何？傳曰「有禮則安」，又曰「有禮則存」，曰安曰存，固之之説也，此所以少長有禮。晉侯知其民之可用，魯秉周禮，齊人所以不敢加兵，以禮爲固也；文公大蒐而示之禮，亦此意也；周禮「以軍禮同邦國」，皆此意也。以仁爲勝者，仁則能愛人者，人當愛之。視卒如愛子，可與之俱死，而又仁人之兵，如時雨降，將俯伏歸從之不暇，又何敢敵者哉？傳曰「仁者無敵」，又曰「節制不可以敵仁義」，則仁之爲勝也如何？湯之克寬克仁而克夏，武之發政施仁克商，則仁之爲勝也可知。齊威之遺衣遺食謂此也，而穰苴、吴起所以勝敵者亦此也。禮以爲固，仁以爲勝，可以勝也。其教可以復行也，不獨一戰用之，百戰用之可也，不獨百戰用之，雖千萬戰用之可也。其教之也，不獨教之於今日，雖千百載行之可也。夫如是，安得君子不貴之哉？貴之者，非貴其戰而勝也，謂其禮仁之可以教民也。禮仁者，人心之所同然者。因其所同然而教之，不咈人心，則君子又安得而不貴哉？○寅云：以禮爲固者，守之以禮也；以仁爲勝者，戰之以仁也：此皆上古神武不殺之道。既勝敵之後，其教化可得而復用，此君子所以貴之也。○源云：王者之師，以禮爲固衆之本，以仁爲取勝之機。

既勝之後，其教不亂，故可復行，此君子所以貴其道而重之也。不以禮爲固者，若王孫滿言秦師輕而無禮是也；不以仁爲勝者，若項王所過無不殘滅是也；其教不可復者，若莫敖狃於蒲騷之役是也。○黄云：此言古者進軍之事。爲敵所誘，如龍且逐韓信，而敗於濰水是也；爲敵所陷，如龐涓從孫臏，而敗於馬陵是也。防誘陷，是智也，而守之以節制，發之於好生，則禮而仁矣。是無趨利之心，有尚義之志，仁義禮智，教化復行，是以君子貴之。○朱云：禮以辨上下、貴賤，進退步履皆有節制，不敢踰越，即指上「不遠」「不及」也。固，堅定也，知分當爲效死，所以能固也。仁者不忍殘民，則人望之如時雨，倒戈壺漿以迎，所攻必勝也。可復者，教化可以復用，非如權謀術數，可暫而不可久也。貴之，貴教化也。○張云：「是以君子貴之也」，御覽「以」作「故」，誤，治要同今本。○曹云：治要此下接「故禮與法表裏也」。

有虞氏戒於國中，欲民體其命也〔一〕；夏后氏誓於軍中，欲民先成其慮也〔二〕；殷誓於軍門之外，欲民先意以待事也〔三〕；周將交刃而誓之，以致民志也〔四〕。

〔一〕古注云：舜以農教戰，以戰教民，畋獵簡習，故民體之也。○寅云：有虞氏，舜也，都虞阪。

凡有戎事，必告戒於國中，欲民體上之命也。○源云：命，教也，道也，信也。帝舜教戒於國中，蓋欲其民體其教而行之也。○歸云：虞時三苗逆命，舜誓師曰：「濟濟有衆，咸聽朕命。蠢兹有苗，昏迷不恭，侮慢自賢，反道敗德，君子在野，小人在位，民棄不保，天降之咎，肆于以爾衆士，奉詞伐罪。爾尚一乃心力，其克有勳。」○朱云：命，上命也，欲民體察上命而守之也。○張云：廣韻十六怪引「戒」作「悈」，「國中」作「中國」。御覽「民」作「人」。○曹云：説文引作「有虞氏悈於中國」，當是傳寫誤倒。○震案：御覽卷三○七引此節及古注。悈，説文心部「飾也，从心戒聲，司馬法曰『有虞氏悈於中國』」，段注引「飾」作「飭」，云：「飭，各本作『飾』，古書『飾』『飭』多互譌，不可勝正，力部曰『飭，致堅也』。悈與戒義同，警也。釋言曰『悈，褊急也』。許言部『諽』字下曰『飭也』，『讀若悈』。蓋悈音紀力反，與茍、戒、棘、亟音義皆同，而方言曰『悈、革，老也』，此又因擎斂之義而引申之也。」集解「命」作「用」。

〔二〕古注云：禹會軍聚，重複教肆，進退、左右、前後、離合、周旋也。○寅云：夏后氏，禹之後也，都安邑，以其受舜之讓而爲君，故稱曰「夏后氏」。凡出師征討，誓告於軍中，欲民先事，而成其思慮也。○源云：夏禹立誓於軍中，蓋欲其民先成其謀慮，而後計其功也。○歸云：夏時，諸侯有扈氏叛，大戰於甘，禹誓六事之人曰：「有扈氏威侮五行，怠棄三正，天用勤絶其命，今予惟恭行天之罰。」〇震案：慮，考慮。論語衛靈公「人無遠慮，必有近憂」，何晏集解引王肅曰：「君子當思患而預防之。」成其慮者，不忘戰也。

〔三〕古注云：殷既尊虞、夏之教民，又於軍門外復簡試。〇寅云：殷者，湯有天下之號也。凡出師征討，誓告於軍門之外，欲民先治勇鋭之意，以待戰陣之事也。〇源云：商本湯之號，盤庚遷殷後改爲殷。成湯誓於軍門之外，蓋欲其民先誠其意，以待事之至也。〇歸云：夏桀暴虐，湯往征之，誓亳衆曰：「格爾衆庶，悉聽朕言。非台小子敢行稱亂！有夏多罪，天命殛之。夏氏有罪，予畏上帝，不敢不正。」〇張云：御覽無「以」字。〇震案：「待」原作「行」，漢書胡建傳（詳下注釋〔四〕曹説）、御覽、講義、直解、集解、彙函、開宗、武備志、彙解、張校、曹校皆作「待」，於義爲長，當是，遂據改。

〔四〕古注云：周用虞、夏、殷之教民，交和接兵，又復申望誓之軍，德薄，民俗巧也。〇施云：世有先後，故人有淳澆；人有淳澆，故命有煩簡，則其所以告之以戰事者，亦不可得而同也。故有虞氏戒於國中，夏誓於軍中，商誓於軍門外，周將交刃而誓之，不無異也。古人曰「誓誥不及五帝，盟詛不及三王」，故虞無誓，夏、商、周無詛。戒於國中，有虞之世也。戒者勑之以事，誓則折之以言。虞戒於國中，民未澆也，故欲民體上之命，體而行之，斯足矣。夏誓於軍中，戒不可以勑之，故及於軍中而誓之焉，民漸澆也，欲俾民先成其己之慮，以爲自備之術也。商誓於軍門之外者，軍行之誓不足以告之，故於門外又誓之焉，民愈澆也，欲使民先成其意而以待戰事也，待敵之術也。周將交刃而誓之，則門外之誓，又不可以盡告也，故又於交刃而誓之，以其丁寧告諭，亦已煩矣，蓋欲其民志之致一也。戒哉之戒，戒於國中也。商誓於師，誓於軍中也。湯於鳴條之野，格衆而誓之軍門之外也。武王左仗黄鉞，右秉白旄以麾，「予其誓」，交刃之時也。若夫志出於意，意出於慮，慮出於心而體，則體而行之，無俟於志與慮，此又不可不卞。○寅云：周者，武王有天下之號也。凡出師征討，必待將與敵人交刃之時而誓告之，用致民必死之志也。○源云：周武王以兵交接，然後誓之，蓋欲使民志之不變也。○歸云：商紂無道，周武王誓師孟津曰：「我友邦冢君，越我御事庶士，明聽誓。今商王受弗敬上天，降災下民。」又曰：「商罪貫盈，天命誅之。予弗順天，厥罪惟鈞。」又曰：「天矜于民，民之所欲，天必從之。爾尚弼予一人，永清四海，時哉弗可失！」○朱云：交刃，兩軍兵刃將交接之時也。○黄云：此言古者誓師之事，而歷指其意如此。宣旌宣事，先代各有誓戒，乃聖人臨事而懼處。○張云：御覽「民志」作「意」。○曹云：漢書胡建傳：「司馬法曰『國容不入軍，軍容不入國』，何文吏也？『三王或誓於軍中，欲民先成其慮也；或誓於軍門之外，欲民先意以待事也；或將交刃而誓，致民志也。』」與今本異，蓋隱括司馬法文。

夏后氏正其德也，未用兵之刃，故其兵不雜〔一〕；殷，義也，始用兵之刃矣〔二〕；周，力也，盡用兵之刃矣〔三〕。

〔一〕古注云：設軍不陣，敵服，故不用五兵。○寅云：夏后氏以揖讓有天下，是以正其德也，未嘗用兵之刃，故兵器不雜。用兵之刃，兵器宜雜，雜則難制。未用兵之刃，故兵器不雜也。○源云：禹以正德而受舜禪，故無所用兵，以兵不繁雜也，觀於「舞干羽于兩階，七旬，有苗格」，概可見矣。○張云：御覽二百七十「后」下無「氏」字。○震案：御覽卷二七〇引自此以下至「三王彰其德一也」（御覽「彰」作「章」）及古注。

〔二〕古注云：陣而不戰。○寅云：殷湯以義取天下，初用兵之刃矣。葛伯放而不祀，湯使人問之，曰：「無以供犧牲也。」湯使人遺之牛羊，葛伯殺而食之，又不以祀。湯使人問之，曰：「無以供粢盛也。」湯使人往爲之耕，有童子以黍肉餉，殺而奪之。湯始征，自葛載，十一征而無敵於天下，豈非義乎？○源云：成湯以征伐而有天下，以義爲主，故始交其兵刃矣。

〔三〕古注云：周不及虞、夏之教，討暴征亂，戰後勝。○施云：周之君非不能爲商之治，商之君又豈不能爲夏之事哉？時異事異，日漸以澆也。夏后氏之世，去堯、舜爲未遠，以德正之，故兵雖用，而不用其刃，故兵不雜。雜，多也。楊子曰：「人病以多知爲雜。」有苗之役，嗣侯之征，曷嘗有殺傷戰鬭之患哉？征之而已。征之爲言正也。及湯之世，以義制事，故十一征，自葛載，始用兵之刃矣。至於武王之時，及降之以力，而兵之刃盡用之矣。「我武惟揚」，「殺伐用張，于湯有光」，非盡用兵之刃乎？所遭之時既異，所用之戰亦異也。○寅云：周以力取天下，盡用兵之刃矣。革車三百輛，虎賁三千人，諸侯會於孟津者八百，鷹揚之將以百夫致師，非力而何？愚按夏、商、周三代各以其盛者而言，非殷無德而周不義也。○源云：武王亦以征伐而有天下，乃以力相尚，故盡交其兵刃矣。○歸云：誓師曰：「同力，度德；同德，度義。受有臣億萬，惟億萬心；予有臣三千，惟一心。」○黄云：此言三代用兵所尚之不同。雖然，揖遜征誅，時勢不同，聖人不得已而應之，又何容心於其間哉？○震案：「刃」，彙解作「力」，疑涉上「力也」而誤。

夏賞於朝，貴善也〔一〕；殷戮於市，威不善也〔二〕；周賞於朝，戮於市，勸君子、懼小人也〔三〕：三王彰其德一也〔四〕。

〔一〕古注云：以德化也。○寅云：夏后氏賞有功者於朝，貴人之善也。○源云：夏賞善人於朝，貴用善德也。

〔二〕古注云：以刑禁也。○施云：賞罰之用，非美政也，勸以其所可爲，而戒之以其所不爲也。使三軍之衆，上自將帥，下逮士伍，從上之命，成天之功，而無敢少違者，則亦無可勸者，何賞之有？無可懲者，何罰之有？是以上古之世，賞無所用，罰無所試，而有不賞而勸、不罰而懲者矣。三代以來，賞罰之用，所以爲勸懲之權也。故古者爵人於朝，與衆共之；刑人於市，與衆棄之，欲賞罰之公且明也。夏賞於朝，所貴者善；商戮於市，所威者不善也。夫夏豈不用罰，而商獨無可賞之人乎？曰：不然。夏去唐虞爲未遠，故特用賞以責其善；商承夏桀之餘，非罰不可以懲惡，故用罰以威不善。○寅云：殷家戮有罪者於市，威人之不善也。○源云：殷殺人於市，威不善之人也。○震案：市，吕氏春秋仲夏紀「關市無索」，高誘注：「人聚也。」

〔三〕古注云：以賞進，以罰禁。○施云：若夫周之時，紂之惡俗猶未盡去，而文、武之化已行，是善惡相半，而君子、小人相有也。不賞於朝，何以勸君子？不罰於市，何以懼小人？此賞罰之所以並用也。雖然，賞罰不可以獨用也久矣。一於賞則太寬，寬則民慢；一於罰則太猛，猛則殘。其可獨用乎？書曰「用命賞于祖，不用命戮于社」，甘之誓也；「予其大賚汝，予則孥戮汝」，湯之誓也；「功多有厚賞，弗迪有顯戮」，牧之誓也。穰苴之言，又何所取乎？意者取其時而言之也。故或一於賞，或一於罰，或兼而用之。○寅云：周家賞有功於朝，戮有罪於市，勸爲善之君子，懼爲惡之小人也。○源云：周以賞罰兼行，所以勸勉君子而威懼小人也。

〔四〕古注云：三王皆道德，文武隨而施之，其致一也。○施云：三王之心，要在章其德也。章，顯而明也。夏賞以貴善，貴其有德也；商戮以威不善，使之反而歸於德也；周勸君子而懼小人，使君子常其德，而小人畏而復於德也。三王所以用賞罰雖殊，而所以章其德則一也。楊子曰「三代咸有顯德」，庸有異乎？穰苴論三代賞罰如此，其異以書考之，又有可言者。甘誓曰「用命賞于祖，弗用命戮于社」，夏豈不用罰乎？湯誓曰「予其大賚汝，予則孥戮汝」，商豈不用賞乎？穰苴必分言者，蓋夏之時罰少而賞多，故特言賞；商之時罰多而賞少，故止言罰。○寅云：夏、商、周三王彰顯其德，則一而已。○源云：三代賞罰雖不同，然彰其德政則一而矣。○黄云：此言三代賞罰不同，而究歸於彰德。夏嘿用其權，令人可喻；殷顯用其權，以示創懲；周則兩用其權，以互相濟。賞善固以彰德，威不善，使惡者有所懲而善者益勸，亦彰德也。此不獨三王之治法同，而心法亦一矣。○張云：御覽「彰」作「章」。○震案：講義「彰」亦作「章」。

兵不雜則不利。長兵以衛，短兵以守〔一〕。太長則難犯；太短則不及；太輕則銳，銳則易亂；太重則鈍，鈍則不濟〔二〕。

〔一〕施云：法曰：「弓矢禦，殳矛守，戈戟助。五兵五當，長以衛短，短以救長。迭戰則久，皆戰則强。」是則兵不雜則不得其利矣。雜，多也。長兵以衛，即禮所謂「攻國之兵欲長」；短兵以守，即禮所謂「守國之兵欲短」。○寅云：兵器不雜而用之則不鋒利。長兵以之而衛，長兵，戈戟之類是也；短兵以之而守，短兵，刀劍之類是也。○源云：兵，五兵也。所謂五兵者，刀鎗、弓矢、衣甲、戈、盾之屬是也。凡五兵不相雜而用，則不能得其利矣。長兵，弓矢是也；短兵，鎗刀是也。弓矢以衛，所以禁遠也；鎗刀以守，所以防身也。○朱云：兵器夾雜長短而用之，斯爲便利。長兵，戈戟之屬。衛，所以捍衛乎短兵也。短兵，刀劍之類。守，所以居中固守也。○震案：御覽卷三三九（叙兵器）、三五三（殳類）並引此節，詳下注釋〔二〕曹校。衛即利也，大戴禮記用兵「蜂蠆挾螫而生見害，而校以衛厥身者也」，王聘珍引高注呂覽、淮南子：「衛，利也。」長兵以衛，猶言長兵所以主動出擊，以保持有利地位。

〔二〕古注云：兵長短相衛，太短、太輕皆不如法也。犯者，觸柱也，故不齊。不及者，遠於利也。是銳者，不固，則破，故奔北擾亂也。○施云：凡兵者毋過三其身，過三其身則不能用也。是太長則難用矣。難犯者，難用也。太短則難刺矣，不及者，刺之不及也。太輕則銳疾而易舉，故不能持重而易亂。太重則遲鈍而難發，故不能疾速，何以濟事？皆非兵之至善也。語曰：「工欲善其事，必先利其器。」況兵者國之大事，其可不度其長短與其輕重而使適於用乎？ 此取用於國，兵法之所先也。○寅云：兵器太長則難犯人，兵器太短則不及人；兵器太輕則鋭，鋭則易至於亂；兵器太重則鈍，鈍則不能濟事。○源云：專用長兵，則彼此不能相犯；專用短兵，則彼此不能相及。故五兵相雜而用，則可得其利矣。太輕者，若用騎不用步、用弓矢不用戈甲、用蓐食不用輜重之類是也；蓋太輕之兵，雖曰勁鋭，然不能堅固持久，若計一失，則必易亂而取敗矣。太重者，若當用步兵而又兼騎兵、當用穴城而復築土山、當馳鐵騎而造戰車、當因敵糧而大運軍食之類是也；蓋兵太重，則必遲鈍，遲鈍而行，則於事無益矣。○黄云：此言兵器之制，長短有度，輕重有衡，雖以攻人，亦以自衛，長短輕重之間，故須斟酌而爲之。○曹云：「兵不雜」節，御覽叙兵器引：「兵不雜則不利。長兵以衛，短兵以守。太長則犯；太短則不及；太輕則鋭，鋭則易亂；太犯則不齊。」注：「兵長短相衛，太短、太輕皆不如法也。犯者，觸柱也，故不齊。不及者，遠於利也。鋭者，不固，則破，故奔北擾亂也。」殳類引：「兵雜則不利。長兵以衛，短兵以守。太長則犯；太短則不及；太輕則閲，閲則易亂；太犯則不濟。」注：「季氏曰，『兵長短相爲衛守，合同爲用。太長、太短、太輕，皆不如法度者也。犯者，觸推，故不濟。不及者，不還於利。閲者，不固，則破敗，故奔北走、擾亂煩也。』」所引法文及注，皆顛倒錯亂，故參用其注。又「太犯則不濟」下，尚有「故初列弓戟間焉」，注「一弓一戟相間也」；「次列殳矛間焉」，注「一殳一矛相間也」，今本蓋有敚文。○震案：犯，古注釋以「觸柱」，言其活動不自如而難以施展，御覽「太長則犯」亦通。「鈍則不濟」下，張校據御覽亦補「故初列弓戟閒焉」云云及注文。

戎車：夏后氏曰鉤車，先正也〔一〕；殷曰寅車，先疾也〔二〕；周曰元戎，先良也〔三〕。旂：夏后氏玄首，人之執也；殷白，天之義也；周黄，地之道也〔四〕。章：夏后氏以日月，尚明也；殷以虎，尚威也；周以龍，尚文也〔五〕。

〔一〕古注云：鉤，設準望遠近，計車量地以立壘。正者，什伍之例也。○施云：戎車，兵車也。書曰「戎車三百兩」，詩曰「戎車既安」，此戎車也。故周禮有戎右，有戎僕，皆主兵車也。夏后氏以勾者，謂其勢勾曲，要其意以正從横、束部曲爲先也。玉藻曰「鉤車，夏后氏之車也」，或曰「夏后氏先正其德，未用兵刃」，先自正而已。○寅云：戎車，則夏后氏名曰鉤車，先導之以正也。○朱云：戎車，兵車也。先正，尚正大也。○張云：御覽三百三十四無「后氏」二字。○震案：御覽卷三三四引自此以下至「先良也」及古注。

〔二〕古注云：寅，敬也。前有旌旗幟所以知變化，示應而不失。○施云：商曰寅車者，蓋一歲之首，以寅爲先，則寅有先疾之義焉。商之兵車必曰寅車者，疾於致用爲先也。○寅云：殷之車名曰寅車，先導之以疾也。鉤車、寅車，未詳其制。○朱云：先疾，尚疾速也。

〔三〕古注云：前立伐惡立善之旗，所以知善罪之所在，先齊良善而後伐之。○施云：周曰元戎者，元者，善之長也，仁善爲元，元爲大善。周人尚輿，其制爲甚善，故以元爲先。詩曰「元戎十乘，以先啓行」，則是取其先良也。皆時異制異也。○寅云：周之車名曰元戎，先導之以良也，詩曰「元戎十乘，以先啓行」是也。○源云：車制雖同，而取名各異也。○張云：左氏宣十二年傳正義「詩毛傳『夏后氏』」云云，曰「其名司馬法之文也」。詩六月正義釋毛傳云「夏后氏」云云，「司馬法文也」；「先正」、「先疾」、「先良」，傳因文以解之。據此，疑下三字非司馬法文。然觀注文又釋下三字之義，是司馬法本文原有之。玉海引：「司馬法……『戎車，夏后氏曰鉤車，先正也』（兵車也），書曰『戎車三百兩』，詩曰『戎車既安，如輊如軒』是也。三代之名見此書，異同之制，傳記未詳。鉤者，非謂馬飾鉤鞶，因以名車也，蓋謂此車鉤曲盤旋，其行曲直有正，可以定兩端，準行列，正縱横。夏后正德，未用兵刃，先自正而已。殷曰寅車，先進也（寅，進也）。此車能進取遠道，先行疾擊，啓途突陳。周曰元戎，先良也。元，大也，言善也。據大車之善者在軍前，啓突敵陣之前，如鉤車，六月詩曰『元戎十乘，以先啓行』是也。」○曹云：玉海引「戎車，夏后氏曰鉤車，先正也」，注：「兵車也。」又「殷曰寅車，先疾也」，注：「寅，進也。」又「周元戎，先良也」，注：「元，大也。良，善也。擇大車之善者在軍前，啓突敵陣之前，如鉤車，六月詩曰『元戎十乘，以先啓行』是也。」下云：「六月詩毛萇注同。」決爲司馬法注，視御覽所引義長，特引法文多間隔他語，故坿存之。○震案：詩小雅六月「元戎十乘，以先啓行」，毛傳：「夏后氏曰鉤車，先正也；殷曰寅車，先疾也；周曰元戎，先良也。」孔穎達疏：「『夏后氏曰鉤車』、『殷曰寅車』、『周曰元戎』，司馬法文也；『先疾』、『先良』，傳因名以解之。」又左傳宣公十二年，孫叔敖引詩云「元戎十乘，以先啓行」，孔穎達疏：「詩小雅六月之篇，言王者軍行必有大車十乘，常在軍前以開道，諸軍從行，所以先人爲備也。詩毛傳云：『夏后氏曰鉤車，先正也；殷曰寅車，先疾也；周曰元戎，先良也。』三代行軍，皆前有此車，其名司馬法之文也。」

〔四〕古注云：旌首有鈴曰旂，三王所以立，不失天、地、人之道也。○施云：詩曰「言觀其旂」，「旂旐央央」，蓋旂者，車飾也，有車無旂，何以爲文？故周禮有巾車，必有司常，言車旂必相爲用也。旂之制，旌首而飾以鈴者是也。夏以黑爲首，所以明人之執，夏之德水，故以黑色也；商以白，所以致天之義也，商之德金，故以白；周以黃，所以明地道也，周德土，故以黃。人謂之執，以其有體也；天謂之義，以其白爲義也；至於黃，中也，故以道言之。○寅云：旂，曲禮謂「蛟龍爲旂」者是也。夏后氏之旂玄首者，象人之執，人首黑故也。「執」，當以漢書作「勢」。殷之旂色白，象天之義，天體瑩潔故也。周之旂色黃，象地之道，地之體黃故也。○源云：三代之旂，各以色而取義也。○歸云：「人之執」，音勢。○曹云：御覽「殷」「周」下皆有「曰」字。○震案：旂，即軍中各種旗幟。左傳僖公五年「取號之旂」，杜預注：「旂，軍之旌旗。」玄首，以黑色爲頭號，指揮以下各色旗。因人之頭髮黑色，故以頭號黑旗象人之勢。御覽卷三四○引「夏后氏玄首」以下至「尚文也」（御覽作「上文也」）及古注。「執」，彙函、彙解並作「執」。執者，執之訛字，執即古勢字。王念孫讀書雜志七墨子第四魯問「執函」條下「越人因此若執」，案「執當爲執，執即今勢字」。「殷」「周」下，張校據御覽亦補「曰」字。

〔五〕古注云：章，畫飾也，三王畫各有所法也。○施云：章者，繢之於旂，以章明之也。記曰「龍章而設日月」，此章之制也。夏后氏以日月，尚明也，蓋明德自虞舜始，禹繼之而有天下，故亦尚明德焉。殷以虎，尚威也，蓋商戮於市，以威爲尚，故畫虎。周監於二代，郁郁乎文哉，故尚文。文以龍也，龍而曰文，則知虎之爲威矣。以禮考之，日月爲常，則周之制亦尚明也；熊虎爲旂，則周之制亦尚威也。而穰苴所言，各以其時之所尚者言之耳。○寅云：章，士卒所戴之章也，尉繚子謂「卒有五章」是也。夏后氏之章用日月，尚其明也；殷之章用虎，尚其威猛也；周之章用龍，尚其文彩也。○源云：旂之文彩，繪以龍虎日月，則其所尚之義明矣。○黄云：此言三代車旂章飾之名義。名有所命，義有所取，聖人臨事之不苟如此。○曹云：御覽作「章，夏以日月，上明也；殷以虎，上威也；周以龍，上文也」，周禮春官巾車疏引「夏以日月，上明；殷以虎，上威；周以龍，上文」「尚」皆作「上」。○震案：「尚威」原訛作「白戎」，講義、直解、集解、彙函、開宗、武備志、彙解、張校、曹校皆作「尚威」，當是，遂據正。

師多務威則民詘，少威則民不勝〔一〕。上使民不得其義，百姓不得其叙，技用不得其利，牛馬不得其任，有司陵之，此謂多威，多威則民詘。上不尊德而任詐慝，不尊道而任勇力，不貴用命而貴犯命，不貴善行而貴暴行，陵之有司，此謂少威，少威則民不勝〔二〕。軍旅以舒爲主，舒則民力足。雖交兵致刃，徒不趨，車不馳，逐奔不踰列，是以不亂〔三〕。軍旅之固，不失行列之政，不絶人馬之力，遲速不過誡命〔四〕。

〔一〕施云：軍旅之事，貴乎能剛能柔。一於太剛則暴，一於太柔則懦。多威而剛，如火之熱，人望而畏之；少威而柔，如水之弱，人狎而玩之。多威則刑罰至於不中，故民詘而無所措手足；少則民慢其上，故民弗勝，而不知有長上矣。○寅云：師旅之中，若多務威，則民心詘而不伸；若少務威，則民力不能制勝。○源云：詘，通作屈，屈而不伸之謂也。此言上使其民屈於下文五者，謂之多威，多威則民不能伸其志矣；上不能教養其民，如下文五者，則民挫其志，而不能馭勝矣。○朱云：威煩，則苛過於慘刻，民心詘抑而不伸；威弛，則玩過於寬大，民心驕横，不能制勝。

〔二〕施云：傳曰「使民以時」，又曰「其使民也義」，是使民欲得其義也；易曰「卑高以陳，貴賤位矣」，是百姓必有其叙也；法曰「因其所能」，是技用必欲得其利也；法曰「無絶人馬之力」，是牛馬必欲得其任也。今也使民不以義，則必竭民之力，妨農之時；百官不得其叙，則必以卑踰尊，以小加大；技用不得其利，則必違人所長，貴人所短；牛馬不得其任，則牛必緧後，馬必契需。民之從事於斯者，皆無所望其功，而爲有司者又從而陵虐之，此非多威乎？多威則民畏，宜其力詘而不可用也。老子曰「萬物尊道而貴德」，是道與德皆可尊也。今不尊德而信詐慝，是詐可尊而德可下也。斯人也，將以詐而罔上矣。不尊道而任勇力，是勇力爲上而道爲下也，徒以暴而陵上矣。從命爲士上賞，犯命爲士上戮，是從命者在所貴也。今不貴用命而貴犯命，則三麾至地，人必不進；號令未明，勇必獨前，何以用衆乎？賞不踰時，欲民速得爲善之利；罰不遷列，欲民速知爲不善之害，是善爲可貴也。今不貴善行，而貴暴行，則人將以善爲無益，以惡爲無傷。以惡爲無傷，何以勸人乎？此無他，上無以帥之，故下必陵於有司矣，故少威。少威則軍勢不振，故不勝。○寅云：在上者使民不得合其宜，則百姓不得其倫叙，技用不得其所利，牛馬不得其任使，爲有司者又凌辱之，此所謂多務威也；多務威，則民心詘而不伸矣。在，上者不尊有德之人，而任用姦詐邪慝之人，不尊有道之人，而任用有勇多力之人，不貴用命之人，而貴犯命之人，不貴善行之人，而貴暴行之人，又凌辱其有司，此所謂少威也；少務威，則民力不能制勝矣。○黄云：此言行師用威當得其宜。威煩則苛，威弛則玩，均之不能統馭其民，而以國之大事嘗試者也。○朱云：使民，役使庶民也。不得其叙，使之無道，故無倫叙也。不得其利，技藝器用失其便利也。不得其任，畜牧不蕃，不足任使也。陵，暴虐凌辱也。尊，崇也。犯命，違上之命令也。暴行，殘虐之行也。陵之有司，在下之人反陵侮乎有司也。○震案：「有司陵之」、「陵之有司」，直解二「陵」字並作「凌」，開宗唯下「陵」字作「凌」。「詐」，張校訛作「作」。「貴犯」之「貴」，武備志作「用」。

〔三〕施云：多威不可也，少威亦不可也，然則如之何哉？剛柔之中，而以舒爲主。舒則寬緩温和，不失之剛，不失之柔，而民自足矣，又安有不勝者乎？○寅云：軍旅以舒緩爲主，舒緩則民力足用。古者師行日三十里，是舒則民力足矣。雖與敵人交兵致刃，徒步者不趨走，御車者不馳驅，追逐奔走不踰行列，是以其軍不亂。○源云：凡軍旅之中，以寬舒爲主，蓋寬舒則凡事不至急迫，而民可盡心竭力，樂於趣事矣。故雖與敵交兵致刃，步不奔趣，車不馳騁，逐奔者不過於前列，所以不至於敗亂，而無多威民屈之患也。大抵世之凶猛者莫如軍威，故軍威一振，則萬人披靡，苟於未戰之時，不能假借顏色，傾身下士，則有言者誰敢盡，有力者誰敢輸？此所以項羽有垓下之亡，張飛有帳下之刺也。○朱云：舒，徐緩也，從容閑暇之意，非逗留遲緩也。徒，步也。趨，疾走也。馳，疾驅也。踰，踰越也。列，行列也。○震案：御覽卷二七○引「軍旅以舒爲主」以下至「遲速不過誡命」及古注，而「舒則民力足」至「車不馳」十六字誤竄入注文，且「民」作「人」，「徒」下有「人」字，「馳」下有「也」字。旅，爾雅釋詁下「衆也」。尚書大禹謨「班師振旅」，孔穎達疏：「振，整也。言整衆而還。」軍旅猶言軍隊。「民」字開宗無，疑脱。張校「以舒」下衍「徐」字，又訛「徒」作「軍」。「趨」，集解作「趣」，下同。

〔四〕古注云：軍旅，政爲堅固也，進退、疾徐，從金鼓之聲也。○施云：法曰「舒其氣以爲主」，亦舒之意也。夫如是，雖交兵致刃，無不可用者矣。蓋制先定則士不亂。徒不得趨，而得徒之制；車不得馳，而是以節制自固也；行列不失其正，是以進止爲政也；人馬之力不絶，是人馬不勞也；或退或速，惟誥命是從，而不敢自爲疏數者，皆舒之所由致也。○寅云：

軍旅之所以固者，不失其行列之政也，不絶其人馬之力也，或遲或速，不過越將之誡命。○源云：軍陣之所以堅固而不可輕犯者，以其不失行列之政，不絶人馬之力，遲速不過，謹從軍令故也。失行列之政者，勝不相讓、敗不相救是也；絶人馬之力者，倍道兼行，百里而争利是也。此遲速所以當從嚴令也。○朱云：固，軍旅之所恃以爲堅固者。不失，不紊亂其行列也。不絶，不用盡也。過，違越也。○黄云：此言行軍有節，而後軍旅可固；養氣，然後可以待敵，是故行軍莫妙於舒，而行列、人馬、戒命，則固可與三軍共守之者也。○曹云：「遲速不過誡命」，御覽「不」作「無」。○震案：政，説文攴部「正也」。不失行列之政，謂行列齊整不失其平正。「誡」，開宗作「戒」。

古者，國容不入軍，軍容不入國。軍容入國，則民德廢；國容入軍，則民德弱〔一〕。故在國言文而語温，在朝恭以遜，修己以待人，不召不至，不問不言，難進易退〔二〕；在軍抗而立，在行遂而果，介者不拜，兵車不式，城上不趨，危事不齒〔三〕。故禮與法表裏也，文與武左右也〔四〕。

〔一〕古注云：軍國異庸，彊弱殊任，故不相入，入則亂也。○施云：軍國之容，不可以相入，法言之詳矣。苟軍容入國，則民德弛而不修；國容入軍，則民德弱而不振。○寅云：古者，國容不入於軍，軍容不入於國。軍容入國則民德廢者，是軍勝於民、武勝於文也；國容入軍則民德弱者，是民逼於軍、文逼於武也。○源云：此言專尚武則失於强，專尚文則失於弱也。○曹云：文選顏延年三月三日曲水詩序注、魏都賦注引同今本。吴都賦注引：「古者，軍容不入國，國容不入軍。軍容入國則人德龐，國容入軍則人德弱。」與孫子謀攻篇「不知三軍之事，而同三軍之政者，則軍士惑矣」，梅堯臣注云「曹公引司馬法曰『軍容不入國，國容不入軍』」同，故御覽亦作「軍庸不入國，國庸不入軍。軍庸入國則民德廢，國庸入軍則民德弱」也。○震案：御覽卷二七〇引自此以下至「罰無所試」（御覽作「罰無可殺也」）及古注，而首無「古者」二字。文選卷六左思魏都賦「其軍容弗犯，信其果毅」，卷四十六顏延年三月三日曲水詩序「國容眂令而動，軍政象物而具」，李善注引司馬法：「古者國容不入軍，軍容不入國。」又卷五左思吴都賦「軍容蓄用，器械兼儲」，劉逵注引法文見曹校。容，禮儀、禮法。周禮地官保氏：「乃教之六儀，一曰祭祀之容，二曰賓客之容，三曰朝廷之容，四曰喪紀之容，五曰軍旅之容，六曰車馬之容。」又吕氏春秋士容「此國士之容也」，高誘注：「容，猶法也。」

〔二〕古注云：此中叙國庸之宜。○施云：夫子之在鄉黨，恂恂如也；其在朝廷，便便言，惟謹耳；至於費人之叛，則勃然而正之；萊人之劫，則作色以斥之：亦以軍國異容也。玉藻曰，「朝廷濟濟翔翔」，「足容重，手容恭，目容端，口容止，氣容肅，立容德，色容莊」，「戎容暨暨，言容詻詻，色容厲肅，視容清明，立容卞」，此亦軍國之容不同也。是以在國之時，直言其事，則文而不野；卞難其事，則溫而不暴，此正夫子恂恂便便之意也。朝廷以敬爲主，故能相遜，如羣后德遜是也。在我者能自飭，而後可以待人，所謂反諸己者是也。士貴自重，不可以輕進，故不召則不至，苟有君命召，則不俟駕行矣。一言之失，駟馬難追，故不問不言，蓋不可以言而言，是以言餂之也。見可而後進，其進也難；不得其言則去，其退也易。伯夷、太公避紂海濱，其退豈不易？必待文王善養老而後歸之，非難乎？若是者皆在國之事也。○寅云：故在國，言談文飾而辭語溫和，所謂「與上大夫言，誾誾如也」是也；在朝廷恭敬而遜順，所謂「舜命九官，濟濟相讓」是也。修治自己以待他人，君不召不至，君不問不言，難進而易退，所謂「三揖而進，一辭而退」是也。○源云：此言修己待人之意，苟或反此，則爲殺妻求將之人矣。○朱云：在國，處國中也。自言曰言。文，順理而成章之謂也。答述曰語。溫，和厚從容之謂。在朝，入在朝廷之上也。恭，敬之存於中者。遜，讓之見於外者。不至者，人君不召，則不敢擅至君前也。不言者，人君不問，則不敢輕言國事也。難進者，三揖而進。易退者，一辭而退也。

〔三〕古注云：此中叙軍庸之宜。抗者，不待問也。立者，有慮於事而爲，不須令遂必也。果，勝也。介者不拜，車不軾，騎不下，所以遠屈而亂行也。止趨爲驚衆也。○施云：若夫軍旅之中則不然：其在軍也抗然而立，與夫言文而語温者異矣；其在行列也遂而果毅，與夫恭而遜者異矣；介而不拜，恐己有所屈也；車上不式，恐禮有所損也；城上不趨，恐其惑衆也；當危難之際，壯者前，老者後，不必以齒爲序，當以制敵爲宜，軍旅之事當然也。○寅云：在軍旅中，辭語抗而立，如周亞夫屯軍細柳，漢文帝至軍門，都尉曰「軍中但聞將軍令，不聞天子詔」是也。在行伍中，當馳逐而果決。介胄者不拜，在兵車不式，不暇爲儀也。城上不趨走，恐驚人也。危事不啓齒，恐惑衆也。○源云：在軍旅中，則挺然而獨立；在列陣中，則馳逐而果敢。故甲胄在身者不拜，城上不可奔走，敗亡之事不可再言，此言軍容不可入國之意也。介者不拜，若漢文帝勞軍於細柳營，而周亞夫不拜是也。○矦云：在軍，處軍中也。抗而立，高抗獨立，言其立之壯健也。行，在行伍也。果，決斷也，言其行之疾速無畏避也。介，甲也，甲胄在身，則不以拜爲禮也。兵車，戰車也。車中以式爲敬，在兵車，則不暇敬式爲儀也。○張云：御覽「式」作「軾」。觀注文脱一句。案文帝與李廣勅引司馬法云：「登車不式，遭喪不服。」○曹云：武備志「遂」作「逐」。介，甲也。賈子容經篇禮「介者不拜，兵車不式」，漢書李廣傳「司馬法曰

『兵車不式，遭喪不服』」。○震案：「立」，張校訛作「力」。遂，國語吴語「以能遂疑計惡」，韋昭注「決也」，而直解、集解、彙函、開宗、彙解、武備志俱作「逐」，故釋「馳逐」，恐未確，御覽、講義、張校、曹校皆作「遂」，當是。「介」下，集解有「胄」字。式，立乘車上俯身撫軾，示敬意也。尚書武成「式商容閭」，孔穎達疏：「式者，車上之横木。男子立乘有所敬，則俯而憑式，遂以式爲敬名。」張案文帝勑引法文，即曹引漢書李廣傳，文帝當爲武帝之訛，曹引「兵」字與今本異，張引作「登」同今本。集解「式」作「軾」，「趨」作「趣」。

〔四〕施云：教之以立德，則禮居其先，是兵不可無禮也；校之以計，法令處其一，是兵不可無法也：禮與法相須以爲用也。卞安危，審利害，非文不可；捍大患，禦大侮，非武不可：文與武相輔而爲用也。傳曰「皮之不存，毛將安傅」，如表裏相須，不可或廢也如此。傳曰「如釋左右手」，則左右相輔，不可或闕也如此。是必以禮而表，以法而裏，文以左之，武以右之，然後可也。傳曰「禮法王教之大端」，況用兵之時，必欲進退有節，號令申明，其可無禮法以爲表裏乎？又曰「威武文德之輔助」，以兵爲用，欲籌算必審，聲威必揚，其可無文武以爲左右乎？一説：主馭將，不可無禮法；將馭軍，不可無文武。○寅云：故禮與法，一表一裏也，在國尚禮，在軍尚法。文與武，一左一右也，在國尚文，在軍尚武。○源云：禮，文禮也；法，軍法也。有禮不可無法，有文不可無武，必相須而爲用也。○黄云：此言國容軍容不可相入之意。軍容入國則禮廢，國容入軍則法弛。然軍國之容雖異，原無二操，在國即禮，在軍即法，用禮爲文，用法爲武，有互應而非兩截者也。

古者賢王明民之德，盡民之善，故無廢德，無簡民，賞無所生，罰無所試〔一〕。有虞氏不賞不罰，而民可用，至德也；夏賞而不罰，至教也；殷罰而不賞，至威也；周以賞罰，德衰也〔二〕。賞不踰時，欲民速得爲善之利也；罰不遷列，欲民速覩爲不善之害也〔三〕。大捷不賞，上下皆不伐善〔四〕。上苟不伐善，則不驕矣；下苟不伐善，必亡等矣；上下不伐善若此，讓之至也〔五〕。大敗不誅，上下皆以不善在己〔六〕。上苟以不善在己，必悔其過；下苟以不善在己，必遠其罪；上下分惡若此，讓之至也〔七〕。

〔一〕古注云：民有一善，處一事，故能盡民之善，無損德，民能堪其事，故賞罰無所施。○施云：官人得所任賢，法言之矣，則人之有德者，不可以不明也。堯之克明俊德，湯之德懋懋官，皆所以明人之德也。能用善人，國之寶也，傳言之矣，則人之有善者，不可不盡用也。周官有廉善之法，孔子有舉善之言，皆所以盡人之善也。德明則人皆樂德，無廢而不修者矣；善盡則人皆好善，而無簡忽怠慢者矣。民既知作德而遷善，則不特刑措也，賞亦措也。賞措則天下有不可勝賞者矣，賞何自而生乎？刑措則天下無敢犯之者，罰何自而試乎？此有道之世至治之極也。○寅云：古者賢王在上，明下民之德而無所隱，盡小民之善而無所蔽，故無廢墜之德，無簡擇之民。言德皆可舉，而民皆可用也，所謂比屋可封，人人有士子之行是也。賞無所生，言民皆善也；罰無所用，言民皆不爲惡也。○源云：廢，棄捨也。簡，忽略也。言棄而忽諸也。古之賢王，凡民有德，必當明而舉之；凡民有善，必當盡而用之，此所以有德者必見録，有善者必見用也。李晟馭衆，雖厮養小善，必記其姓名，亦此意也。古者帝王之用刑賞，一盡乎公道，賞不可以無功而予，罰不可以無罪而試，惟在公論而已矣。○朱云：明民，彰明下民之德而無所隱也；盡民，盡用之善而無所遺也。廢，棄也。無廢德者，德皆可舉也。簡，擇也。無簡民者，民皆可用也，所謂比户而封也。試，用也。民皆有善而無惡，故賞罰皆無所用也。○曹云：「賞無所生，罰無所試」，治要作「賞無所生，罰無所誡也」。○震案：御覽卷二七○引二「所」字作「可」，「試」作「殺」，且末有「也」字。張校末亦有「也」字。

〔二〕施云：有虞之世，以黎民則於變，以比屋則可封，遷善遠罪之徒，日不自知，故不待賞罰而民可用，是以不賞而民勸，不罰而民畏。荀卿嘗言於堯矣，而舜實行其道，襲其爵，亦不用賞罰焉，傳美之曰「雖甚盛德，蔑以加此」，非至德而何？及夏繼有虞，相守一道，其風俗尚淳，其德教尚著，天下之人善者多、惡者少，故賞而不罰，法曰「夏賞於朝，貴善也」，亦賞而不罰之意，此教化之至也，故書曰「文命敷于四海」，非至教而何？及夏之季，商之興，舊染之俗未盡去，爲惡者多，爲善者寡，非獨罰不足以威之，法曰「商戮於市，威不善也」，其謂此歟？昔商、周之交，文、武之民雖好善，而幽、厲之民尤好暴，善惡相半，賞罰其可偏廢乎？故民必待賞而後勸，必待罰而後懲，民德之衰自此始矣，法曰「賞於朝，戮於市」，勸君子而懼小人是也。大抵三王之道，若循環然，或賞而不罰，或罰而不賞，或賞罰並行，非固不同，亦各因其俗而已。〇寅云：有虞氏，舜也。舜之世，不賞不罰，而民皆可用者，至德之所致也。夏后氏但賞人之善，而不用罰，教之至也。殷人但罰人之惡，而不用賞，威之至也。周人兼用賞罰，民德之衰也。〇源云：帝舜在位，不賞不罰，民皆可用，何也？以其有至大之德化之也。大禹受傳於舜，有賞而無罰，以其有至善之教也。成湯受命，有罰而無賞，以其有至重之威也。武王之時，賞罰兼行者，以其民德既衰，不得不如是也。〇張云：御覽「夏」下有「后」字。〇曹云：集傳集注無

「氏」字。○震案：御覽卷二七〇引「有虞氏不賞不罰」以下至「不善之害也」及古注。曹校見朱熹禮儀經傳通解（初名禮儀集傳集注）卷三六引法文。「夏賞」下，開宗無「而」字。

〔三〕古注云：賞功不移晷，罰惡不轉列，所以勸善懲惡欲疾速者也。○施云：有功見知，臣下所以悦；有罪不誅，天下何自化？是以善馭衆者以賞罰於先，行賞罰者以信必爲上。功有可賞，必當如太宗之立賜金，光弼之立賜絹，使無改其時。彼見其有功者必賞，豈不知爲善獲利之速乎？罪有可誅，必當如吴起之立斬勇者，光弼之立斬退者，使無移其列。彼見其有罪者誅，豈不知爲惡被害之速乎？若然，則遷善遠罪者往往皆是，殆有不可勝賞者矣，罰何所施乎？噫，信賞必罰，宣帝以是而中興，況用兵乎？○寅云：賞人之功不過其時，欲民速得爲善之利也；罰人之過不遷移其列，欲民速覩爲不善之害也。○源云：凡有功當賞者即當賞之，不可使踰一時，蓋欲民之速得爲善之利也；凡民罪惡當誅者即時誅之，使不過行列之遠，蓋欲民速見爲不善之害也。○朱云：不遷列，不俟遷移行列也。○張云：漢書陳湯傳引作「軍賞不踰月」。漢魏春秋引作「賞不踰日」，「速得」作「速覩」。徐幹中論引此四語作二句云：「賞罰不踰時，欲使民速見善惡之報也。」此是以意裁損之。○曹云：漢書翟義傳：「司馬法不云乎？『賞不踰時，欲民速覩爲善之利也。』」魏志武帝紀注孔衍漢魏春秋引「賞不逾日，欲民速覩爲善之利也」，「踰」作「逾」，「時」作「日」。孫子計篇「賞罰孰明」，張預注：「當賞者，雖仇怨必録；當罰者，雖父子不舍。司馬法曰：『賞不踰時，罰不遷列。』」「欲民速覩爲不善之害也」，御覽無「速」字、「爲」字。○震案：「列」「害」，張校並訛作「刻」「利」。

〔四〕古注云：捷，勝也。一軍皆勝，上下俱不取功也。○施云：三軍大捷，有功者非一人，大捷而必以賞，則舉天下之物不足以充其賞，必有拔劍而擊、投袂而起者矣。法曰：「得車十乘，賞其先得者矣。」十乘之得，猶不可以偏賞，況三軍大捷，其可偏賞乎？故上下皆不伐善。○寅云：凡有大捷，上下皆不賞，故上下皆不誇伐其善。○朱云：上指君言，下指將言。○震案：「善」下，治要有「也」字，張校亦據補之。御覽卷三二二引「大捷不賞」以下至「上下分惡若此，讓之至也」及古注。

〔五〕施云：上而不伐，則不可以功而驕；下而不伐，則不以功而爭其上，所以爲遜之至。晉六卿相遜，正謂此也。○寅云：在上者誠不伐善，則不至於驕矣；在下者誠不伐善，必亡等矣，言無彼我之分也；上下皆不伐善如此，相讓之至也。○源云：此言有功上下相讓之道，若李晟再造唐室，而不敢以功自任之類是也。○朱云：苟，誠也。驕，矜肆也。等，是無貴賤，與上平等也。亡等，是無此事也，又無等而欲上之心也。○曹云：武備志「必」上有

「則」字。御覽無「若」字。○震案：亡通無，説文亾部段注「假借有無之無」，用如論語雍也「今也則亡」之「亡」。「必亡等矣」，治要作「必不登矣」，御覽作「則不差矣」，彙函作「則必亡争矣」。「若」，開宗作「如」。

〔六〕古注云：敗者負也，一軍奔北，人皆有罪，故不誅，上下俱過。○施云：若其不幸，而三軍皆敗，有罪者非一人，大敗必罰，則舉三軍之衆不可勝誅，必至血流川谷、肉填原野而後已。法曰「罰貴小」，是人不可以盡罰也，況三軍大敗，其可偏罰乎？惟其不罰，故上下皆以不善歸己。○寅云：凡有大敗，上下皆不誅責，故上下皆以不善在己，謂上下皆能自責也。○曹云：御覽「己」下有「也」字，治要同，無「以」字。○震案：張校「己」下亦補「也」字。

〔七〕古注云：上下不取其善，君不驕下，下不求進也。○施云：上以不善歸己，則必能揖遜；下以不善歸己，則必能遠罪；上下皆以不善歸己，所以爲遜之至。孟明視三敗，而自歸咎，其能以不善歸己也。○寅云：在上者誠以不善在己，必能悔改其過；在下者誠以不善在己，必能遠離其罪；上下皆分惡若此，相讓之至也。○源云：此言有罪上下分惡之道，若諸葛街亭之敗，請自貶三等之類是也。○黄云：此叙歷代賞罰必至無可加，而後爲化之至，賞罰不用，民德自明也。夏用德教民，德未衰也；商用德威民，德漸衰也；周兼賞罰，二代典刑備舉，補偏救弊之大經也。上下不伐善，不諉咎，其誰氏之風乎？非至德之化，何以有此？○朱云：悔，悔而思改也。遠，自改以遠罪戾也。分惡，謂不歸咎於一人也。○張云：御覽「過」上衍「上」字。○震案：御覽脱「下苟以不善在己，必遠其罪」十一字。

古者戍軍，三年不興，覩民之勞也[一]**；上下相報若此，和之至也**[二]**。得意則愷歌，示喜也**[三]**。偃伯靈臺，荅民之勞，示休也**[四]**。**

〔一〕古注云：還師罷兵，復戍卒，三年不傜役，以荅人勞。○施云：遣兵屯戍，皆有期也。傳曰「瓜時而往，及瓜而代」，是戍兵必有代者也。古者戍兵三年之久，不興外役者，所以見民之勞也。蓋戍兵不過屯於邊境，以備敵人而已，不可以他復勞也。文王之時，采薇以遣戍役，出車以勞還帥，杕杜以勤歸，皆所以覩其勞也。○寅云：古者戍邊之兵，三年不典，典猶籍也，如役不再籍是也。古者戍兵，今年春暮行，明年夏代者，至一年即還，三年不驗籍而役之，是四人輪番當一戍兵也。三年不典，王者覩民之勞苦也。○源云：古者防秋之兵，歸優其役，故三年不籍用之，蓋憫見其勞苦也。○朱云：古者戍軍在外，邊防至三年一更番。此三年之中，軍在外，妻子猶在內，倘更有差傜，不典於戍軍之家，正所以恤民之勞，而念其在外之苦也。○張云：「戎」，一作「武」。「典」，一作「興」；御覽作「與」，誤。又「覩民」二字御覽誤倒。○曹云：御覽「戎」作「武」。武備志「三年不興」作「不典」，讀如藉，蓋取孫子作戰篇「役不再藉」之義。○震案：御覽卷三二七引此節及古注。馬融傳注引詳下。直解、集解、彙函、開宗、彙解「軍」俱作「兵」，「興」俱作「典」。講義惟「軍」亦作「兵」。張校惟「興」亦作「典」。

〔二〕施云：上以此而施乎下，下以此而報乎上，一施一報，非和之至而何？謂之和之至，言其甚和也。○寅云：下供上之役，上覩下之勞，上下相報如此者，和之至也。○源云：上下相報之情若此，和樂至矣。○張云：馬融傳注引無此二句。御覽無「若此」二字。

〔三〕古注云：聖主誅不義，百姓皆得其所喜樂，各安其居，樂其常。○施云：及其戰勝而得意則愷歌，禮曰「王師大獻，則奏愷樂」，法曰「天下既平，天下大愷」，則得意而奏愷者，欲與上下同其喜也。○寅云：戰伐而勝，得意而還，奏以愷歌者，示喜也。愷歌，軍樂也。○源云：愷歌，軍勝之樂也。愷歌而回，蓋以示喜悅也。○曹云：大司馬注引「得意則愷樂愷歌，示喜也」。○震案：「愷歌」，御覽作「凱樂歌」，武備志作「凱歌」。左傳僖公二十八年「秋七月丙申，振旅愷以入于晉」，孔穎達疏引「得意則愷樂愷歌，示喜也」。張校同孔疏。

〔四〕古注云：偃，休息也。伯，主兵也。靈臺，頌德美之，喜以祭天，示不復用兵也。○施云：古者有虎符以召兵，有牙璋以起軍旅，則伯者亦豈軍之一物？帥師之節也。今而偃伯於靈臺之上，所以答民之勞，而與之休息也。文王之時，民樂有靈德，故名臺曰「靈臺」。後世因其名而用之，亦曰「靈臺」，僖十三年「秦伯會晉侯于靈臺」，哀公二十五年「衛侯爲靈臺」。是臺也，天子有之，諸侯亦有之。靈臺之名，一則取其高，而可以徧觀也，一則取其德之靈也。若孫子教戰，吴王自臺上觀之，李靖曰「陛下臨高而觀之」，無施而不可，則靈臺者，主將所登以觀兵也。今天下既平，偃伯於是，以之勞，與民休息，得無意乎？○寅云：偃伯恐有闕文誤字，或曰偃伯即偃武也。靈臺，文王臺名也。周得天下之後，恐天子之臺亦曰靈臺。國之有臺，所以望氛祲，察災祥，時觀游，節勞佚，此修文之事。凡勞還帥、勞還役，恐皆在靈臺之下。荅民之勞，所以示休息其民也。或者又曰：偃，「姬」字之誤也，偃伯即文王也。文王時有靈臺，其詩曰「經始勿亟」，即所以答民之勞也。未知孰是。○源云：偃伯當作姬伯，即文王也。文王經始靈臺，而民作詩歌之，故唯荅民之勤勞，而亦示民之休息也。○楊慎云：按前二章所述，頗合王者征伐之法，已後皆涉詭譎權謀。○黄云：此言旋軍休民之事。正鼓、舞鼓之要法，蓋得情則忘勞。楚子之巡寒，一言如挾纊（楚伐蕭，師人多寒，王巡三軍，拊而勉之，皆如挾纊）。魯「清風」「肆好」之音，不足動三軍之感激歟？自戊申興歌（詩曰「彼其之子，不與我戍申」），而靈臺偃武之意渺矣。○朱云：偃，息也。

伯，霸者用武之事也。靈臺，與民同樂之地也。答，酬報也。休，息也。○曹云：吳仁傑兩漢刊誤補遺載馬融傳注引「古者武軍，三年不興，則偃伯靈臺」。○震案：後漢書馬融傳「偃伯於靈臺」，李賢等注：「司馬法曰：『古者武軍三年不興，則凱樂凱歌，偃伯靈臺，答人之勞，告不興也。』偃，休也。伯謂師節也。靈臺，望氣之臺也。」伯，詳仁本篇「王霸之所以治諸侯者六」注釋。「荅」，彙函、開宗、武備志、彙解、曹校、張校俱作「答」。說文艸部：「荅，小尗也。」左傳宣公二年「既合而來奔」，杜預注：「合猶荅也。」劉心源奇觚室吉金文述引翁祖庚說謂「合即荅字，左傳『既合而來奔』是也」，劉案：「俗以『合』爲『合同』專字，乃以小尗之『荅』爲『荅應』字，又誤艸爲竹。今字書以『答』爲正，『荅』爲俗。」「示休」，御覽作「告不興」。

司馬法集釋卷中

定爵第三

寅云：爵者，公卿、大夫、百執事之爵也。爵定則上下有分而不亂。以首有「定爵」二字，故以名篇，此篇文義多不可曉。○黄云：統論軍旅之事，而以首句名篇，此後皆司馬之自爲設施也。凡百戰事，皆爲枚舉，極瑣屑而有源委。

凡戰，定爵位，著功罪，收遊士，申教詔，訊厥衆，求厥技〔一〕。方慮極物，變嫌推疑，養力索巧，因心之動〔二〕。

〔一〕施云：爵有小大，位有尊卑。先王之治天下，列爵惟五：公一位，侯一位，伯一位，子、男同一位。此諸侯之爵位也。以軍旅之際，大而將帥，次而偏裨，下而什伍之長，其爵亦不同也。是以韓信羞與灌嬰伍，黄忠固非關、張比，其可無以先定乎？有功者加地進律，有罪者削地黜爵，此先王所以馭羣吏也，況軍旅之中，功過相半，必有以示之勸懲也。是以許歷有功，用爲國校；李廣獲罪，贖爲庶人，非功罪之著乎？遊説之士，能騰頌於諸侯之間，使其君臣相疏，斯人也，吾當收而用之，如晉用楚材、漢用項虜是也。教詔者，天子之所出，吾能申之，則有以感士卒之心，如李晟受命之後，兵令一下，而士皆雪泣，非能申教詔乎？或謂軍之教詔，不可不三令五申，然將軍之令不可謂之詔，謂之詔則天子也。訊厥衆、求厥技者，堯咨四岳，舜闢四門，人君用人之道，未必不詢之衆而得之者。況用兵之際，才技之人没於行伍者不可勝數，苟非訊之於衆，何以得其材乎？昔高祖問張良：「今欲捐關以東，誰其可與共功者？」良曰：「九江王布，楚梟將，與項王有隙，彭越與齊王田榮反齊地，此二人可使，而漢將韓信可屬大事，使當一面。」豈非訊衆而得其才乎？○寅云：凡欲與敵戰，先要定公卿、大夫之爵，百執事之位，則上下、大小有分而不亂；著明有功、有罪者，則賞罰無僭濫之失，而人知所以勸懲之道；收用遊説之士，則能盡人之謀；申明教誡詔告之法，則民知所遵守而不犯。訊厥衆者，欲博其識也。求厥技者，欲廣其能也。○源云：凡與敵將戰，必先定統帥之爵位，著將吏之功罪，收攬遊俠之士，申明教詔之言。誡約其衆，選求材技而用之。○朱云：定百執事之爵與位者，使相臨有序也。表著功罪者，使人知勸懲也。收用遊説之士者，使盡人謀也。申明教令詔告者，使可遵守也。訊，問也。厥，其也。問衆人者，不敢自用也，欲博其識也。技，奇巧也。廣搜羅藝能也。○曹云：武備志「詔」作「令」。○震案：開宗「詔」作「令」。武備志「技」作「枝」。

〔二〕施云：人無遺謀，然後事無隱情。夫將以一人之身，而萬事還至，其將何力以給之？是必多爲之慮，則謀無或遺矣。事物雖多，吾得而極之，又何隱之有？此光武之沈幾先物，所以莫與之敵。人心欲安，有嫌疑則不安矣，寇、賈之嫌亦久矣，而光武分之，非能變之乎？巫祝之疑亦甚矣，而黄石公令禁之，非推之乎？或曰，衆中有嫌者爲之變，亦通。變嫌推疑，既可以安人之心，而巧力所求，欲其豫，兵以力勝，養之不可不深，事以巧成，索之不可不至。王翦伐荆，必待投石超距而後用之；王伯伐茂、建，必待斷髮請戰而後用之：此皆巧力之可用也。養其力則勇者有願戰之心，索其巧則怯者有從戰之心，因其欲動而用之，可謂舉而不迷，動而不窮也。三略曰：「因其至情而用之，此兵之微權也。」其是之謂歟？○寅云：方其慮者，欲計之深也。極其物者，盡下之情也。變，當作「辨」。辨白人之所嫌者，恐其嫌之誤也；推明己之所疑者，恐其疑之非也。養兵之力者，務制其勝也。索人之巧者，求盡其才也。因人心願動而動者，與民同志也。○源云：方慮，猶方物，出謀發慮也。物，事也。凡料敵制勝，必當比方策略，出謀發慮，以盡事物之情。苟能極其事物之情，則能解變人心之所嫌，推明衆心之所惑矣，猶孫子所謂「校之以計而索其情」，「禁祥去疑」之意也。凡取勝之道，必當撫養將士之力，以索事機之巧，然索其巧在乎人心之動而已，若王霸閉營休士而屈蘇茂、周建之類是也。○黄云：此挈戰之大綱。爵位定，方有稟承，李靖之秩都總，道宗不得以親故先之也。功罪著，使知勸懲，王全斌之落職，曹彬獨得以蒙賞别之也（太祖以彬爲宣徽使，辭曰「征蜀將士俱得罪，臣何獨蒙賞」，太祖曰「勸懲，國之常典」）。收士則謀畫周，信陵有資於侯嬴也（信陵置酒大會，自迎侯生坐上坐，一座皆驚，後竊符，椎晉鄙，奪軍救趙，皆資其謀）。申令則恪守遵，孫武再命夫宫嬪也（武習軍吴宫中，以二寵姬爲隊長，衆婦大笑，武再申其命，復笑，竟斬之，後皆奉法）。訊衆以參謀，趙奢之傾聽許歷也（奢救閼與，歷性秦人氣盛，宜厚集其陣，先據北山者勝，奢從之）。求技以搜羅，孟嘗養士以紓難也（用雞鳴狗盜而脱秦，聽馮驩焚券以惠薛）。比方謀慮，推極物情，如管仲之謀齊（仲作内政而寄軍令，正鹽筴以成富强，經營四十餘年），司馬錯之争伐蜀（錯曰「蜀，西僻之國，而有桀、紂之暴，以秦攻之，有禁暴止亂之名，是一舉而名寔附也」）是也。變置所嫌，推明所疑，如魏相之寢格辛武賢（趙充國建議屯田，武賢與有嫌議沮之，相寢武賢之議，以成充國之功），光武璽書答竇融（帝賜融書曰「今之議者，必有任囂教尉佗制七郡之計」，河西皆驚，謂天子明見萬里之外）是也。休養民力，索用巧計，如段熲之仁愛（熲在邊十餘年，未嘗安寢，惟恤士卒勞苦），范雎之策秦（蠶食六國之計，遠交近攻，皆雎之教也）是也。取法衆善，因民心所順而動，倘所稱萬全之畫歟？○朱云：方慮者，比方其慮，欲計之深也。極物者，推極其物，盡下之情也。變嫌者，人有所嫌，則改易廢置不用也。推疑者，事有所疑，則務求推明也。索，取也；巧，智謀也，盡人之才也。○震案：「變」，彙函作「辨」。禮記禮運「大夫死宗廟謂之變」，鄭玄注：「變當爲辯，聲之誤也。變，猶正也。」嫌即疑也。變嫌推疑，即推明人心之疑惑，以正視聽。

凡戰，固衆，相利，治亂，進止，服正，成恥，約法，省罰〔一〕。小罪乃殺，小罪勝，大罪因〔二〕。

〔一〕施云：用兵之道，莫難於用衆。尋、邑百萬，而敗於光武；苻堅以百萬，而敗於謝玄，此用兵所以欲固也。欲固衆者，必相地利以處之而而可也。或曰：固衆之法，必欲使上下相救，左右相助，而爲利也。衆固欲固矣，然法又曰「用寡固」者，何也？蓋衆寡雖有異，人而其爲固，則一而已，此所以亦欲其固也。衆所在易至於亂，必有以治之。戰者人之所畏，易至於止，吾必有以進之，如亞父堅卧不起，是能治亂也；范蠡援桴進兵，是能進止也。子率以正，孰敢不正？必服行吾之正，而後可用。不恥不若人，何若人有？必成其恥心，然後可用。能正則可使諠譁者有誅，亂行者有戮；成恥則人必寧爲榮死，無爲辱生。人心若此，何戰不克？約慶省罰者，蓋數賞者窘也，數罰者困也，慶賞貴約而不煩，刑罰貴省而不濫，賞約則人無覬覦之心，罰省則刑無濫及之過矣。○寅云：凡欲與敵戰，務堅固衆心，相度地利，治其兵，不使之亂，知進止之節，服從人之正言、正諫。「成」字恐誤。恥者，所當羞惡也。約法者，法不煩也。省罰者，罰不濫也。○源云：凡戰之道，固其兵衆，相其地利，治其紛亂，進知所止，服人以正，成乎廉恥，當約其法，省其罰，蓋立法雖嚴，用刑宜省。○朱云：進止者，止而進之也。正者，光明正大之道也。成恥者，人有羞愧之心，則成就而引掖之也。約法者，簡約不煩擾也。省罰者，省少刑罰不濫及也。○震案：「法」，講義作「慶」。孟子告子下「則有慶，慶以地」，趙岐注：「慶，賞也。」約慶省罰，施氏訓以慶賞貴約而不煩，於義尚可通。然黄老學者嘗有「約法省刑」之説，惟未聞「約慶」者云。愚疑「慶」當作「灋」，灋即古文法字，「慶」與「灋」形近而致訛。

〔二〕施云：人有小罪，苟勝而過之，不至於戮，則大罪必因此而作矣。傳曰「圖難於其易，爲大於其細」，亦此意也。或曰：勝殘去殺之勝，謂人有小罪者，既勝而去之，則大罪者亦因是而滅矣。○寅云：此句上下恐有闕文誤字。或曰：犯小罪者乃殺之，則有小罪者足有制勝，有大罪者亦因而制勝也。未知是否。○源云：今曰小罪乃殺者，正所謂以小警大，人人惴慄，而自不敢犯其大罪矣。下文所謂「小罪勝，大罪因」，意正在此，若呂蒙泣斬鄉人之蓋笠者是也。小罪既已即刑，則大罪自然而遠矣。○黄云：此列作戰之目。其道以固衆心爲本，衆心既固，而後地利可爲我用，亂者可治，止者可進，服從正道，成就恥心，法不煩，罰不濫，殺小罪而大罪奮，衆心又寧有不一哉？○朱云：小罪乃殺者，毋以其所犯者小而赦之也。勝者，治其罪而勝之也。因者，大罪因而自奮也。○震案：殺，治也，克也，滅除之也。古之製簡曰「殺青」，殺青即治竹，是殺猶治也。爾雅釋詁上：「殺，克也。」又莊子大宗師「殺生者不死」，成玄英疏：「殺，滅也。」小罪乃殺者，人有小罪即予以制止糾正，滅除於萌芽，以防微杜漸，非謂殺死犯小罪之人。

順天、阜財、懌衆、利地、右兵，是謂五慮〔一〕。順天奉時，阜財因敵，懌衆勉若。利地，守隘險阻。右兵，弓矢禦，殳矛守，戈戟助〔二〕。凡五兵五當，長以衛短，短以救長；迭戰則久，皆戰則强〔三〕。見物與侔，是謂兩之〔四〕。

〔一〕施云：兵以善謀爲先，謀非一端而足，故順天、阜財、懌衆、利地、右兵，此五者，皆可慮也，是謂之「五慮」。前云「萬慮」，而此云「五慮」者，蓋萬慮則無所不慮，而五慮則止於五者而已。○寅云：順天之時，阜民之財，説衆之心，利地之險，右兵之用，此謂之五慮。○源云：順天，奉時而不違也。阜財，因糧於敵也。懌衆，勉勵衆心而樂從也。利地，守其地之險阻也。右兵，弓矢禦、殳矛守、戈戟助是也。○朱云：順，從也。阜，聚也。懌，悦也。利地，恃險也。右，先也。五慮，惟恐五者之不善也。○震案：「敵」，彙解訛作「改」。懌，廣韻昔韻「施隻切」，今普通話讀作「義」。

〔二〕古注云：五兵長短，各有所宜，因事而施。○施云：順天之道在於奉天之時，法曰「天者，陰陽、寒暑、時制也」，又曰「冬夏不興師」，無非所以奉天時也。乃若馬援征五溪蠻，人多疾疫，其如順天何？阜財在於因敵之利，法曰「掠於饒野」，又曰「務食於敵」，無非所以因敵之有也。乃若楚得敖倉不能守，其如阜財何？忠義者，人心之所樂；勸勉者，人君之至術。欲使斯人悦懌而進，其可無以勉之乎？蕭之役，軍士大寒，不懌亦甚矣，楚王一勞之，而三軍皆如狹纊，其悦懌爲如何？若者，助辭也。或曰：臣下有功見知則悦；懌衆勉若者，勉之以其功也。吳子曰：「以一擊十，莫善於阨；以十擊百，莫善於險；以千擊萬，莫善於阻。」是三者，皆地之利也。秦有殽陵，可以拒晉；漢知阨塞，遂以滅楚，其可不知所守乎？陳豨惟不守障水，乃爲高祖所擒；劉禪惟不守陰平，乃爲鄧艾所滅，則羊腸狗門之地，苟可利者，不可不守也。右者，尚也，尊也。左手足不如右强，右者，强大之義也。尉繚子曰：「殺人於百步之外者，弓矢也；殺人於五十步之外者，矛戟也。」弓矢之用，可以爲禦；殳矛戈戟，可以守助。○寅云：順天者，奉天之時也，所謂陰陽、寒暑，以時制之也。阜財者，因糧於敵也，所謂「食敵一鍾，當吾二十鍾；萁秆一石，當吾二十石」也。懌衆者，勉而順之也，所謂「令民與上同意，可與之死，可與之生，而不畏危也」。利地者，守吾國之狹隘、艱險、阻絶之地也，所謂「路狹道險，名山大塞，十夫所守，千夫不過」是也。右兵者，長短相助而爲用也，左傳曰「天子右之，吾亦右」之右，是助也。弓矢，殺人於百步之外，可以禦敵。殳、矛，長兵也，可用以守。殳，攢竹八觚，長一丈二尺。矛，鉤也，長二丈。戈、戟，亦長兵也，可以助守者。戈，平頭戟也，長六尺四寸，廣二寸。戟，小枝向上者也，長者二丈四尺，短者一丈二尺。又曰：矛謂夷矛、酋矛也。夷矛長二丈四尺，酋矛長二丈。○天云：奉時，不敢違背也，所謂陰陽、寒暑，以時制之也。因敵，因糧於敵也，所謂「食敵一鍾，當吾二十鍾」也。若，順也。勉順衆心也。守隘險阻者，守吾國之狹隘、艱難、阻絶之地也。所謂路狹道險，十夫所守，千人莫過也。禦，捍敵也。弓矢能及遠，故可用以禦敵。殳，攢竹也；矛，鉤兵也，皆長兵，可用以守。戈，平頭戟也；戟，有枝兵也，亦長兵，可用以助守也。

○張云：周禮司右注、梓人疏，御覽三百三十九、三百五十三，楚辭國殤經補注引，「禦」皆作「圉」，係「圉」字之訛。○震案：「懌衆勉若」，施以若爲助辭，非；朱訓順也，當是。爾雅釋言「若，順也」，郝懿行義疏：「若者，釋詁云『善也』，善者和順於道德，故又訓順。」「守隘險阻」，講義無「險」字。御覽卷三三九、三五三引「弓矢」以下至「皆戰則强」及古注。「禦」，御覽卷三三九作「圉」，卷三五三作「圉」。圉，通禦。朱駿聲説文通訓定聲：「圉，叚借爲禦。」禦，當也，詩秦風黄鳥「百夫之禦」即此。上張校「梓人」當爲「廬人」之訛。

〔三〕古注引李氏曰：「迭，更也，言更戰更息，則可堪久；悉舉軍戰，衆多者彊。」○施云：凡此五兵，皆有所當，如李靖言八馬當二十四人之説，如晁錯言十不當一之説。長以衛短，短以救長，欲其雜也，蓋兵不雜則不利，此長短相爲救援也。五兵相當，迭戰則可以久，皆戰則三軍齊力，百將一心，故可以强。○寅云：五兵，弓矢、殳、矛、戈、戟也。五兵五當者，長以防衛其短，短以救護其長，即上文右兵之義。使吾軍更迭而戰，則可久；使吾兵皆出與戰，則力强。迭戰者，吴爲三軍迭出，以疲楚是也；皆戰者，趙盾使三軍皆出，與秦戰是也。○源云：長兵，弓矢是也。短兵，殳、矛、戈、戟是也。凡用五兵，必須各用其當。弓矢以爲戈、戟之禦，戈、戟以爲弓矢之救，故分番而戰，則力舒而長久；同力而戰，則勢勇而兵强。○朱云：五當，弓矢、殳、矛、戈、戟，各有所當也。衛，防衛也。救，救護也。長兵以防衛其短，短兵以救護其長也。迭戰，分番更迭也。久，其力可持久也。皆戰，并力合戰也。强，其勢强盛也。○張云：御覽三百三十九、五十三引「兵」下皆無「五」字，楚辭注無「五當」二字。御覽三百五十三引「迭戰」作「以戟」。○曹云：武備志「當」上衍「五」字。○震案：御覽卷三一三引「凡五兵」以下至「皆戰則强」及古注。「兵」下，御覽卷三一三無「五當」二字，曹校無「五」字。下「短」字下，御覽卷三一三無「以」字。「强」，御覽卷三三九引作「彊」，卷三五三作「疆」，張校全書皆作「彊」。

〔四〕施云：用是二者，又當視敵之事與己之事如何耳，而與之侔，是謂兩之也。孫子曰「校之以計」，亦兩以見之也；「是謂戰權」，亦兩而稱之也。兩而見之，知其侔與不侔，則是權敵量力，而後舉兵，爲得其道矣。○寅云：之，或曰當作「支」，傳寫之誤耳。言見一物，則思與之侔，是謂兩相支持之道。未知是否。○源云：見敵有此物相攻，吾亦有此物相對，是謂各有其器也。若敵人用長兵，吾豈可用戈戟短兵？敵人用輕騎，吾豈可用重車？此見物與侔之意也。○黄云：此言行兵有五慮，因及用兵之五當。奉順寒暑、陰陽，天時得矣，若徒因糧於敵，未可言阜財也；守隘險阻，地利握矣，若徒藉弓矢、殳、矛、戈、戟，未可言右兵也。法當以懌衆勉若爲本，懌衆勉若，則天時、地利皆爲用，而財貨、弓矢、戈、矛皆爲使矣。故下言「五兵五當」，而即承之曰「主固勉若」，然後可以視敵而舉。五當者，長短相兼，分隊授藝，護衛之法也。迭戰即三駟之法（弱者出戰，强者繼之），如吴爲三軍迭出以疲楚是也。皆戰是合擊之法，如趙盾使三軍皆出與秦戰是也。敵物相侔，如孔明之所以破木鹿者，可法矣（物不與敵侔則士卒懼，孔明設虚獸當虎豹，故勝）。〇朱云：見物與侔，見敵一物，即仿效而用之，與之相侔等也。之，當作「支」，兩相支持之道也。

主固勉若，視敵而舉〔一〕。將心，心也；衆心，心也。馬、牛、車、兵佚飽，力也〔二〕。教惟豫，戰惟節〔三〕。將軍，身也；卒，支也；伍，指拇也〔四〕。

〔一〕施云：老子曰，用兵不貴爲主，而貴爲客。蓋爲主之道，易於易敵，適以見禽於人，此李靖所以有變客爲主之戒。爲主之道欲固，而固在於勉若以制勝，不可懈怠而自敗。主固勉若，此爲主之道也。至於舉兵加人，又當料敵而後舉，蓋知彼知己，百戰不殆；不知彼而知己，一勝一負。爲主之道，雖當勉以待之，又能量敵而進，慮勝而會，此正得夫非利不動、非得不用之意也。昔河陽之軍，光弼爲主也，周摯攻之，而光弼斂軍，非勉而固乎？及登陴而望，乃縱兵擊之，非視敵而舉乎？〇寅云：爲主者，當固守其衆，勉而順之，視敵之虚實而舉動。主者，主客之主也。○源云：主將雖能勉勵其衆，尤當相敵虛實、强弱而後舉。○朱云：固勉者，言主將固當勉順士心，又必視敵之虛實而後舉動也。

〔二〕施云：天下有異，人本無異心。將之與衆，其勢不同也，其任不同也，捐其勢而求其心，又何上下之異哉？然傳曰「人心不同如其面焉」，若之何而同耶？蓋人心雖不同，而同於好惡，此所以無異也。昔張巡爲將，欲使將識士情，士識將意，是乃以心相感也。若夫力，則馬、牛、車、兵佚飽也。勞不可以待勞，待勞者，必以佚；飢不可以待飢，待飢者，必以飽。馬牛者，軍之用也，車兵亦軍之用也，門之使佚，養之使飽，飽則其力爲有餘耳。法曰「以佚待勞，以飽待飢」，正謂此也。○寅云：將帥之心，固是心也；衆人之心，亦是心也，言上下要同一心耳。馬，所以戰；牛，所以載；車，戰車也；兵，器仗也；佚，閑佚也；飽，充飽也，凡此皆欲齊其力也。○源云：何謂乎「將心，心也；衆心，心也」？蓋言主將同乎士卒之心，士卒亦同乎主將之心也。馬、牛、車、兵佚飽，言能使其安佚且飽，不使勞而饑之，所以得其力也。○朱云：將與衆同是一心，故當上下諧和也。馬用以駕車，牛車用以任載，兵器用以接鬭，皆力之所在也。

〔三〕施云：兵之未用也，必有素行之令；兵之將用也，斯有一定之制。教之預，則令素行矣；戰之節，則制素定矣。方其教之也，逐奔則使之不遠，縱綏則使之不及，疾徐疏數，各有其法，坐作進退，各有其度，此教之豫也。及其戰也，逐奔則不過百步，縱綏則不過三舍，可進則進，無遠奔，可退則退，無遽走，此戰之節也。法曰「士不素教，不可用也」，又曰「令素行以教其民，則民服」，非教之豫乎？法曰「善戰者，其節短」，又曰「節如發機」，非戰之節乎？○寅云：民惟當豫先教之。不教而戰，是棄民也。與敵戰，惟當節量之，所謂「其節短」是也。○源云：用兵之道，教當爲先，戰當有節。○朱云：豫者，教民當預於未用之先也。節者，與敵戰當謹修以節制，所謂「其節短」也。

〔四〕施云：賈生言：「海内之勢，如身之使臂，臂之使指。」斯言不獨可施之國，雖軍事亦然。將軍譬一身也，卒譬支也，伍譬指拇也。身使支，支使指，莫不各從，其役者大足以制小也；將使卒，卒使伍，亦猶是也。向非將之與衆心乎其心，則未易使之也，夫何故心同則力叶也？指拇，大指也。尉繚子曰「將帥士卒，動静一身」，亦此意也。○寅云：將軍，譬如人之身也；百人爲卒，譬如人之四肢也；五人爲伍，譬如人之指拇也，所謂如身之使臂、臂之使指是也。○源云：百人爲卒，五人爲伍。譬如一陣之中，將軍，身也；士卒，肢也；軍伍，指拇也；身動則肢隨，肢隨則指拇皆至矣。此所以謂之有節也。○黄云：此言將士同一心，其用如一身，故立教不可不豫。有力無心，莫爲之鼓；有心無力，莫爲之輔。教不徒坐作、擊刺之方，如厚饗願戰，投石超距，心齊力裕矣，然後臨敵脱免，如身之使臂，臂之使指，一戰有餘勇，又何不節之虞？○朱云：百人爲卒，譬人身有四肢，所以護衛元首，指拇之數皆五，故五人爲伍也，所謂如身之使臂、臂之使指也。○震案：開宗、武備志、彙解「支」俱作「肢」。

凡戰，智也。鬬，勇也。陳，巧也〔一〕。用其所欲，行其所能，廢其不欲不能，於敵反是〔二〕。

〔一〕施云：非變不足以用兵，非力不足以合戰，非機不足以布列，兼是三者，乃可爲用。蓋用兵者，聖人之不得已，故權時而用之，如湯之伐夏，武之伐商，皆一時之變也。力有餘者，然後可以勝人，故漢有飛將軍，有驃騎將軍，皆勇可以鬬者也。陣出於心機，故分陣布勢，非巧不可，諸葛亮平沙壘石，爲八行方陣，司馬懿稱爲天下奇才，非巧而何？○宦云：凡戰者，權變之道也。鬬者，勇而赴敵也。陳者，巧而取勝也。○源云：「凡戰」下缺文當作「氣」。作其氣，則可以戰。善鬬者，以其有勇也。陳始於丘井之法，八陣、六花，皆本於此。觀乎李靖所謂「陣間容陣」，其巧固可見矣。○黄云：智，料敵。○朱云：權，智謀也。勇，争先赴敵也。陣中變化，巧法取勝也。○震案：「智」，講義、直解、集解、武備志、彙解、張校、曹校皆作「權」。「陳」，彙解作「陣」，下「陳」字皆同此。

〔二〕施云：人各有心，善使人者不逆其心；人各有才，善使人者不違其才。士卒不願賞而請戰，此心之所欲也，李牧用之以破匈奴，非善用其所欲乎？短者持矛戟，長者持弓弩，此人之所能也，吴子備言之於教戰，非得其所能乎？用所欲，則必廢所不欲；行所能，則必廢所不能。苟爲不然，未有不敗於所不欲、死於所不能者。至於敵則反是，蓋用衆之道與審敵異。吾之士卒有所欲則用之，而彼有所欲，則不與用其所欲；吾之士卒有所能則行之，而彼有所能，則不與施其所能。若是，則彼必咈其所欲，違其所長，彼安得不敗，而吾安得不勝乎？○寅云：用其人之所欲用者，行其人之所能行者，廢其不欲用、不能行。於敵國則反此道，謂：敵所不欲，吾則用之；敵所不能，吾則行之；敵所欲所能，吾則廢之。○源云：吾之所欲者，則心取而用之，若夫大夫文種有七策，越王擇而用之之類是也。吾之所不能者，則竭力而用之，若水戰南人所長，而周瑜從黄蓋之計以焚赤壁之兵是也。吾之所不欲者，則廢而不用，若崔浩不欲南伐，乃陳天時不利五者之類是也。吾之所不能者，則廢而不行，若李光弼以野戰不若史思明，而不與戰之類是也。敵不欲者，使敵用之；敵不能者，使敵行之，若秦間於趙曰：「秦之所患，獨畏馬服君之子趙括將耳。」凡若此類，使與我相反，則吾兵可勝矣。○黄云：此言作戰當知勇、巧、力并用，在順民心之所欲而展其能，不可使敵恣其欲而逞其能。故智要焉，而勇與巧，則運乎其間者也。○朱云：其，指士卒言。因士卒之所樂用者，吾則用之；士卒之所能行者，吾則行之。廢者，廢之而不用不行也。總是順人情，以爲用人行事也。反是者，敵所不欲，我則用之；敵所不能，我則行之；敵之所欲所能，我則廢之也。不能，如北人利車馬、南人利舟楫之類。

凡戰，有天，有財，有善。時日不遷，龜勝微行，是謂有天。衆有有，因生美，是謂有財。人習陳利，極物以豫，是謂有善〔一〕。人勉及任，是謂樂人〔二〕。大軍以固，多力以煩，堪物簡治，見物應卒，是謂行豫〔三〕。輕車輕徒，弓矢固禦，是謂大軍〔四〕。密静多内力，是謂固陳〔五〕。因是進退，是謂多力〔六〕。上暇人教，是謂煩陳〔七〕。然有以職，是謂堪物〔八〕。因是辨物，是謂簡治〔九〕。

〔一〕施云：用兵之法，雖欲無往不克；用兵之道，必欲無所不備。天也，財也，善也，此用兵之道也，得其道，則可以一戰矣。時運於天，用兵者不可遷也。法曰「知戰之日」，又曰「征之以某年日月」，時之不可移也。故古人有剋日會戰，詰朝相見，其可或遷之乎？時日既不遷，又假卜筮，以占其吉凶焉，且龜爲前列，所以先知也。龜之爲物，兆吉凶於未然之前，既知有必勝之理，又在乎微而行之，用之以機，然後可以勝之也。武王伐商，夢協其卜，襲于休祥，此以龜勝也。其行也，見風雨暴至，太公乃焚龜折蓍，渡于孟津者，無他，欲密其機也。夫是之謂有天。以在天之道，皆戰所有也。取諸己者，其用常不足；取諸人者，其用常有餘。三軍之衆，苟能有人之所有，是能因敵之財，以生其財、美其財也，生之則財不竭，美之則財不耗。法曰「阜財因敵」，又曰「務食於敵」，是能有敵人之財也，夫是之謂有財。非陣之難，使人可陣者爲難；非器之利，備物以爲之則利。法曰「人習陣利」，又曰「陣，巧也」，蓋陣兵之法，欲其紛紜不亂，渾沌不散，苟非人習其利，則何以爲陣？禮曰「合此四者，然後可以爲良」，蓋製器之法，欲其材極其美，工極其巧，苟非極物以豫爲之，則何以爲利？成周之時，若無事於戰陣，無資於兵器，而司馬之職，平陣有法，考工之記，制器有工者，無他，爲欲有其善故也。是三者，既無所不治，然後人勉於所任焉。○寅云：凡與敵人戰，有天、有財、有善，三者不可闕也。時日不遷，謂遇當戰之時、當戰之日，不可遷移，務在必戰。龜勝者，占而得勝兆也；微行者，微妙於行事也，此所謂有天。衆人有，方可謂之有，因而生美，此所謂有財。語曰「百姓足，君孰與不足」，即此義也。人習戰陳之利，盡物力以備之，此所謂有善。○源云：凡行師振旅，時日既定，無風雨、怪異間阻，不至變遷，而龜之勝兆，隱然而見，是謂得天時者也。吾之財力既有，乃復得之於敵國，因生羨餘，此所以謂之有財也。軍旅之中，人皆習於戰陣之利，又能極推事物之理，以爲豫立之計，若傅永知南人好夜斫營，豫置火上流以誤之，又若韋孝寬堅守玉壁，外盡攻擊、内應無窮是也，此所以有應變之善也。○黄云：此言有天、有財、有善之道。遵時日，十勝兆，而行事必妙於微，然後可以因天；有衆有，美事因之以生，然後可以用財；陳利常習，豫物必備，然後可以月善。三者能有，庶幾可與語戰權。○朱云：天，天時也。財，財用也。善，善物也。遷，移也。龜勝，占以元龜而行勝兆也。微行，微密行事，使人莫測也。有天，得乎天也。衆有有，以衆人之有爲有，所謂百姓足，君孰與不足也。因生美，上下一體，因而可生美事也。有財，得乎財也。習，熟慣也。陣利，戰陣之利也。極，盡也。物，器械也。預，先備也。有善，得兵家之善也。○震案：末「善」字，彙解作「美」，觀朱注當係「善」字形近致訛。

〔二〕施云：夫常人之情，莫不惡死而喜生，惡勞而好逸，今也驅之萬死一生之地，而人皆勉力以任其事者，蓋有以樂之也。傳曰「說以使民，民忘其勞」，是謂樂之也；前云「慍衆勉若」，即此樂人者也。○寅云：人相勉及於任使，是謂樂於戰陳之人，即交兵接刃，而人樂死之義。○黄云：此言國家樂得之人。六軍相勉而及於任使，其斯爲國家於城之寄乎？○朱云：勉，士卒相勉也。任，堪使令也。樂人，樂於戰鬭之人也。

〔三〕施云：慮不先定，不足以應率。大軍似可勝也，必當有以固之；多力固可用也，必當有以煩之；人堪其任，然後治可得而簡。是數者莫不素定，故可以見物應卒，非行之於豫乎？且人有碎千金之璧，不能無失聲於破釜；力能博猛虎，不能無失色於蜂蠆，此無他，應卒之謀，人所難也。前言「見物與侔」，此言「見物應卒」者，何也？蓋古者量敵而進，是亦行豫以應倉卒之意也。○寅云：大軍用固，其陳多力；用煩，其陳堪物能簡治，見物能應卒：此所謂行豫之道。○源云：軍勢大者，必當以堅因持重爲本，不可輕躁率易；兵力多者，必當廣施教令，明定分數。上暇而閑，人教而習，所以治衆如治寡，多多而益善也。堪者，能也，任也。簡者，要也，大也。物，事也。卒，急變也。爲將而能任其大事，則其戎政至簡而且治矣。所謂見物應卒者，言其事至物來，而能臨機應變也。若此者，皆由教之有自、行之有素也。○黄云：此言行軍豫備之道。軍陳固，士力多，教習煩矣，又簡擇堪物者治之，目前有物，必不錯過，倉卒有變，不爲無應，其斯爲有備而無患乎？○朱云：以固者，堅定其陣也。多力，士力衆多也。煩，教習煩熟也。堪物者，事物雖繁，堪爲職主者也。簡治者，簡用之以致治也。見物，隨所見之物，必不錯過也。應卒者，倉卒有變，皆能應之。行豫，行軍預備之道也。○震案：「應卒」，講義作「應率」，武備志作「卒應」。

〔四〕施云：輕車輕徒，弓矢固禦，法曰「以輕行重則危，以重行輕則戰」，是輕與重更相爲用也。行以輕，守以重，戰之法也。今謂之輕車，則戰車也；輕徒，則戰卒也；弓矢可以及遠，亦輕兵也。三者雖均於輕，不用重兵，然可以勝人，不得不謂之大軍焉。〇寅云：輕車，馳車也。輕徒，步兵也。有車有徒，又以弓矢堅固禦守，此所謂大軍。〇源云：車輕則堅，步輕則勇，復以弓矢禦於前，敵不敢犯，故謂之大軍也。〇黃云：此言大軍之利。馳車輕便，步兵輕捷，弓矢又足以資禦敵，其斯爲制勝之軍乎？〇朱云：輕車，馳車輕便也。輕徒，步兵輕捷也。固禦，堅固守禦也。

〔五〕施云：密靜多內力者，陳以密則固，兵以靜則勝，惟能密靜，然後力多內助，故可以守，可以戰。此陣之所以用之而不可犯也，是謂固陣。〇寅云：密者，戰欲密也；靜者，兵無譁也；多內力者，士氣內有餘也，此所謂固守其陳。〇源云：凡陳，有嚴密安靜之勢，內必多强壯驍雄之力，是謂堅固之陣，而敵不敢犯。李光弼望史思明之衆，言賊鋒雖銳，然方陣而囂，不足爲虞，正謂此耳。〇黃云：此言堅固行陳之道。密則形不泄，靜則兵無譁，多內力則士氣有餘，其斯爲不破之堅乎？〇朱云：密者，形不洩也。

〔六〕施云：因是退進者，因此陣可以進退也。可進，則進有不可當之鋒；可退，則退有不可追之勢。用心勠力，在此一舉，可不謂之多力乎？〇寅云：因是固陳之法，可進則進，可退則退，此所謂多力。〇源云：因固陳之理，而得進退之法，此所以謂之多力也。〇黃云：此言多內力之法。因陳勢之固，而相時以進退，則自不疲，斯力之所以有餘乎？〇朱云：因是陣勢之固，然後相時以爲進退，則兵力不疲，故曰多力。○震案：「謂」，集解作「爲」。

〔七〕施云：上暇人習，法曰「教惟豫」，「士不先教不可用也」。爲人上者，於國家閑暇之時，人人而教之，使之目熟旌旗，耳熟金鼓，坐作、進退各有其法，疾徐、疏數各有其節，雖若煩而不簡，然亦可以勝人也。蘇子不云乎，煩而曲者，所以爲不可敗也，是之謂煩陣。○寅云：上閑暇而人教習，此所謂煩陳。煩陳者，頻煩於陳，謂教而又教，使之孰也。○源云：上得閑暇，人習其教，所以謂之煩正之陳也。○黄云：此言熟陳之法。煩者，頻也，教而又教，使之熟也。在上閑暇，人又教習，斯陳之所以嫻乎？○朱云：上暇，將吏閑暇也。人教者，士卒教習也。

〔八〕施云：職者，自大將而下皆是也；法曰「將有股肱、羽翼七十二人，以應天道」，此亦職也。因能授職，則可以堪物矣。堪物者，堪任也。○寅云：然有職主之人，此所謂堪物。堪物者，堪爲職主其物之人也。○黄云：此言克堪宰物之道。事物之來，各有以職主之而不廢，其斯爲不役於物乎？○朱云：事物之來，各有職主之人而不廢也，斯爲不役於物，而堪任使也。

〔九〕施云：惟人能堪其職，故以之應物，則物來能名，事至能辨，宜其不嚴而治，故謂之簡治。○寅云：因是辨别衆物，此所謂簡治。簡治者，簡選治才也。○源云：辨，判也，别也。此承上文「上暇教」而言也。夫一陳之内，部伍統帥，各有所職，而秩然不亂，則所職之事，因是而明辨矣，謂之簡而且治，不亦宜乎？○黄云：此言簡用致治之道。因是堪物之人，而辨別衆物，則物無當前而爲礙，而治有不致乎？○朱云：因是堪物之人而辨別衆物，斯謂簡用人才而致治也。○震案：「辨」，彙解作「堪」，張校作「辦」。

稱衆，因地，因敵令陳〔一〕，攻戰守，進退止，前後序，車徒因，是謂戰參〔二〕。不服、不信、不和、怠、疑、厭、懾、枝拄、詘、頓、肆、崩、緩，是謂戰患〔三〕。驕驕、懾懾、吟曠、虞懼、事悔，是謂毀折〔四〕。大小、堅柔、參伍、衆寡、凡兩，是謂戰權〔五〕。

〔一〕施云：孫子曰：「地生度，度生量，量生數，數生稱，稱生勝。」是則古人營陳之法，常觀地而爲之。且建城建邑，莫不度地以居民，況用兵之際，可不因三軍之衆，相地而爲陳乎？是以李靖有開方之法，太宗有度地之言，皆其稱也。若夫方、員、曲、直、鋭之形，天、地、風、雲之勢，龍、虎、鳥、、蛇之狀，又因形用權，因敵取勝，其陳乃可得而用矣。○寅云：稱量兵衆，因其地之廣狹而用之，因敵人之虚實、强弱，令陳以待之。○源云：稱，銓也。欲稱其兵之衆寡，必因其地之廣狹，此即孫子所謂「地生度，度生量，量生數，數生稱，稱生勝」是也。李德裕料陝州無十五里光明長甲，蓋出乎此。兵家之術，不出乎一因。故孫子有言曰，「因形而制權」，「因形而措勝於衆」，「兵因敵而制勝」，「能因敵而取勝者，謂之神」；又曰，「行火必有因」，「因間者，因其鄉人而用之」。觀乎古之名將之用兵，孰不由於因敵之令陣而取勝乎？故龍且不夾濰水而陳，則韓信不能囊沙壅水以斬之；史思明不嚴命李日越必擒光弼，則光弼不能還壘而降二將也。○朱云：稱量兵衆，因地之險易、廣狹也。陣有方圓、大小之不同，因敵人之虛實、强弱而令我軍陣列以待之，或攻或戰或守。

〔二〕施云：用兵之道，非止一法，制勝之法，必欲其兼備，故有攻戰守，有進退止，有前後，有車徒，此豈一法所能盡哉？必兼是數而參之，乃可以勝矣。可攻則攻，可守則守，可戰則戰，法曰「守則不足，攻則有餘」，又曰「千里會戰」，此攻戰守也；見可而進，知難而退，不可則止，法曰「用衆進止，用寡進退」，此進退止也；在前則救後，在後則救前，各有其一焉，太公曰「士卒前後相顧」，此前後序也；車因徒而爲用，徒以車而爲輔，未有不相因者焉，禮曰「車徒皆作」，此車徒因也：是四者莫不相參爲用，未始闕一，然後可以一戰。○寅云：可攻則攻，可戰則戰，可守則守，可進則進，可退則退，可止則止。前後有序而不亂，車徒相因而不絶，此所謂戰參。戰參者，臨戰參詳而不忽也。○源云：今曰因敵之令陣，然後以爲攻戰守之計，若出一揆。參，參伍也。夫兵之一進一退一止，必用前後相序，車徒相續，不可散漫錯亂以失統律，此所謂戰陣參伍之法也。其詳見李靖論伍法之要。○黄云：此言臨戰參詳之道。稱量兵衆，因地廣狹，因敵强弱虚實，令陳以待之。可攻則攻，可戰則戰，可守則守，一進一退，各有所止，前後有序而不亂，車徒相因而不絶，斯爲參詳而無忽乎？○朱云：或攻或戰或守，一進一退，可止則止，或前或後，有序而不亂，用車用徒，相因而不偏，此所謂戰參。

〔三〕施云：令素行以教其民，則民服，是人未嘗不服其命也，今三軍之士，有亂行、有干紀者，是不服也；有仁無信，反敗其身，是人未嘗不服於上也，今有持疑而不決者，是不信也；師克在和，不在衆也，是人未嘗不欲其和也，今有侮上暴下者，是不和也。是三者何自而見乎？以其怠惰而不振，則不服可知；以其疑惑而不從，則不信可知；厭而不樂，懾而不喜，枝柱而不勝其任，屈而不伸，頓而不安，肆而自次，崩壞而不救，稽緩而失期，凡此者，不和可知矣。以是而戰，患將至矣，故謂之戰患。○賓云：不服者，一不心服也；不信者，衆不聽信也；不和者，民不和協也；怠者，不致謹也；疑者，有所惑也；厭者，棄絶之也；懾者，畏懼也；枝柱者，言意不相順從也；詘者，詰詘而不伸也；煩者，擾亂也；肆者，放肆也；崩者，崩墜也；緩者，縱弛也，此所謂戰患。戰患者，爲戰之害也。○源云：怠疑，上怠而下疑也。厭，損也，伏也；懾，懼也，退伏而畏懼也。技，岐也；拄，撑拄也，謂傍生邪議，而沮壞争機也。詘，通作「屈」；頓，壞也，挫也，言屈辱而頓挫也。肆，恣也；崩，潰也；緩，遲誤也，恣肆崩潰，寬緩而無紀律也。此皆臨陣取敗之患也。○黄云：此言臨戰之患。下心既不服信和協矣，又怠惰疑惑，厭棄其上，畏懾敵人，枝離膠柱，詘抑煩擾，放肆焉，崩墜焉，緩弛焉，如是而不委三軍於鋒刃者幾希。○朱云：枝，支離也。柱，膠柱也，又謂舉動掣肘也。詘者，屈鬱而不伸也。○震案：枝，同歧。説文木部段注：「枝必歧出也，故古枝、歧通用。」「拄」，講義、直解、彙函、開宗、武備志、彙解俱作「柱」。柱與拄同，譏刺反駁也。漢書朱雲傳「連拄五鹿君」，顏師古注：「拄，刺也，距也。」周禮春官菙氏「遂歓其焌契」鄭玄注：「以契柱燋火而吹之。」孫詒讓正義引廣雅釋器：「柱，距也。」集韻遇韻：「柱，刺也。」「頓」，直解、集解、彙函、開宗、武備志、彙解俱作「煩」。

〔四〕施云：驕者治以猛，懾者治以寬，寬猛相濟，而後可用也。今也驕而不治以猛，則驕而愈驕；懾而不治以寬，則懾而愈懾。惟其驕，故至於伸吟而日肆，曠而無節；唯其懾，故至於憂慮而不樂，恐懼而不喜。以此從事，未有不悔者，豈不至於毀折？○寅云：驕驕者，驕而又驕，驕之甚也。將驕者敗，項梁再破秦軍，有驕色是也。懾懾者，畏而又畏，畏之甚也。畏敵者敗，苻堅登壽春，見八公山草木皆爲晉兵，有懼色是也。吟曠者，軍有呻吟喧曠之聲。虞懼者，人有憂虞恐懼之色。事悔者，作事後輒悔。此所謂毀折。毀折者，敗毀而傷折也。○源云：驕驕者，謂將驕而兵亦驕惰也。懾懾者，謂將無謀懾懼，而兵亦畏縮也。吟，嘆也。嚝，嗟怨之聲也。虞，慮也。虞懼，防慮太過而反憂懼也。事悔，事已誤而復追悔也。此數者，乃自毀傷折損之禍也。○黄云：此言毁敗傷折之政。○震案：嚝，廣韻庚韻「虎横切」，今普通話讀作「轟」。「虞」，講義作「慮」。「折」，集解、彙函並作「拆」。

〔五〕施云：勢有小大，性有剛柔，總其數則有參伍，用其人則有衆寡。鄒人與楚人戰，則楚勝，此勢之小大也。大平之人仁，悾恫之人武，此性之堅柔也。參，參也，如參天兩地之參；伍，伍也，如五人爲伍之伍，此參伍也。用衆者務易，用寡者務隘，此衆寡也。善用兵者，以我之兵觀彼之兵，以敵之事校吾之事，凡有兩焉，即前所謂「是謂兩之」者是也。夫然後可以謂之戰權。權者，稱其輕重之宜也。以彼己而稱之，則其勝負可知矣。前言「戰參」，則參而用之；此言「戰權」，則權而用之。或曰：權，變也，謂權以制一時之宜。○寅云：大小者，能大能小也。堅者，剛也。剛柔者，有剛有柔也。參伍者，或參而三之，或伍而五之，言變化不一也。衆寡者，用衆用寡，因其敵之强弱、虚實，地之險易、廣狹也。凡事必兩件對待，此所謂戰鬭權變之道也。○源云：堅柔，謂車堅馬良也。參伍，易「參伍以變」，三，相參爲參；五，相伍爲伍。兩，周禮「五伍爲兩」，亦軍伍錯綜之數也。上文既言「進退止，前後序，車徒因」，以爲戰參之法矣，此言「大小，堅柔，參伍，衆寡」者，蓋以明其車堅馬良，各適其用，隊伍精明，不失其列也。戰權，戰陣之機權也。○黄云：此言權變之道。用兵必能大能小，能剛能柔，或參而三，或伍而五，用衆用寡，凡事兩相對待，互綜而酌行之，其斯爲制勝之策乎？○朱云：用衆用寡，相時制宜。凡事必執兩端而酌之，此所謂戰鬬權變之道也。

凡戰，間遠，觀邇，因時，因財，貴信，惡疑〔一〕。作兵義，作事時，使人惠，見敵静，見亂暇，見危難無忘其衆〔二〕。居國惠以信，在軍廣以武，刃上果以敏。居國和，在軍法，刃上察。居國見好，在軍見方，刃上見信〔三〕。

〔一〕施云：用兵不可以無間，用間不可以不善。昔人以間爲下策，非間之過也，不善用也。有間而不善用，猶水之覆舟也。故善間者，用之以聖智，使之以仁義，得其實則以微妙，是間爲難用也。雖用間於遠，必觀其所親近之人，是以陳平間楚，必有以中於鍾離昧；文種間吴，必有以遺於太宰嚭，是皆觀其所親近之人而用之也。苟不知所以用之，未必不爲反間矣。用間之道，時有不可失，財有不足吝，又在乎待之以誠而使之無惑，然後不敗乃事矣。○寅云：凡與人欲戰，間其遠而觀其邇。間者，間使也；間遠，如韓信用間使，知趙王陳餘不用李左車之計是也。觀邇，如見鳥起而知其伏、獸駭而知其覆是也。因時者，因天之時，如黃蓋因東南風急而焚曹操舟是也。因財者，因敵之財，如劉裕踰大峴山，見南燕禾穀成熟在野而喜是也。貴信者，賞信罰必也。惡疑者，禁祥去疑也。○源云：間，游偵也，即今之細作也。間遠，使人覘敵之虛實於遠也。觀邇，使人察敵之動静於近也。因時，因得天時也。因財，得敵人之財也。貴信，貴其有信於衆而成功也。惡疑，惡其使衆疑惑而敗事也。所謂因時者，若崔浩議擊蠕蠕之類是也。○朱云：遠者，用間使以知其情。近者，用觀望以探其實也。因財者，因財之盈歉也。惡疑者，疑人勿用，疑事勿行也。

〔二〕施云：古者以仁爲本，以義治之之謂正，則所謂者義也；争義不争利，則所争者義也；戰必以義，則所戰者亦義。王者之兵，無非以義而後作，此太宗之義兵，武王之度義，所以爲不可敵。不奪民時者，先王之仁政；教民習戰者，先王之武備。仁政雖不可闕，而武備亦不可弛，所以作之者，不過以時而已。傳曰「皆於農隙以講事」，此所謂時也。不獨是矣，二役之事，亦莫不以時焉。春秋書「城防」，以其不時也，故夫子曰「使民以時」。使人慧者，蓋慧則足以使人，慧苟不至，必有攜持而去者，況小人懷慧，其可不使之以慧乎？見敵静者，蓋遠者視之則不畏，近者勿視則不散，見敵之際，當以静處之，苟不能静，是内亂，何以待敵？況兵以静勝，則可以待譁。古之戰者，猶且含枚而進，其好静也可知，此方陣而囂，周摯所以自取其敗也。至於三軍擾亂，爲難治也，必以閑暇而待之；危難之際，至難處也，必當愛惜士卒而無忘之。是二者，惟張遼盡之。長社之役，三軍擾亂，遼曰：「勿動，必有反者，不反者安坐。」遼則中障而立，得其反者而斬之，即定，是見亂而暇也。及其被圍數重，遼與數十人突出，衆曰：「將軍棄我乎？」遼後突陣而入，是見危難，毋妄衆也。○寅云：振作兵士之氣當喻以義，喻以義則士氣自倍；作事當乘其時，乘其時則易成；使人當用其惠，用其惠則人感恩而心服。見敵人當以静待之，静則敵難爲之備。見亂則暇以待之，如亞夫時，軍中夜驚，擾亂至帳下，亞夫堅卧不起，俄頃而定；張遼屯長社，軍中有謀反者，夜驚亂起火，一軍盡擾，遼謂左右「勿動，是不一軍盡反，必有造變者欲以驚動人耳」，乃令軍中「其不反者坐安」，遼將親兵數十人，中陳而立，俄頃定，即得首謀者殺之是也。見有危難而無忘其衆，如張遼在合肥，與孫權戰，被圍，遼急擊圍開，將麾下數十人得出，衆號呼曰「將軍棄我乎」，遼復還，突圍拔出餘衆是也。○源云：古者兵出無名，事故不成，故用兵者，必先明其大義在我，不得不行。至於天時，又當奉承而不敢違，所謂作兵義而作事時也。所以使人喜，見敵衆静，見敵亂暇，見敵危，雖臨於難，而猶不棄其衆也。又曰：作者，興也，興兵主義，興事順時也。○黄云：此概言臨戰之道。○朱云：作兵義者，振作兵氣，當以義勝，義主斷制也。作事時者，舉作兵事，當順天時也。使人惠者，任使乎人，當用惠愛也。見亂暇者，軍中見有驚亂，當閑暇以鎮之。見危難者，見有危難之事不可忘棄衆人，則人心歸而向之也。○震案：「敵」上，張校無「見」字，疑脱。

〔三〕施云：孟子言「施仁政於民」，「可使制梃，以撻秦楚之堅甲利兵」，蓋天下之事，施報而已。居國之時，苟無以施於下，則軍中刃上之際又何以責其報哉？方其居國之時未有戰也，吾則撫之以恩，而後濟之以信，則在軍之際，人必張大其聲，布揚其武，至於交兵接刃之際，又必有殺敵之果，致果之毅，敢於立功矣。吴子曰「不和於國，不可以出軍」，惟其居國之時，上下之際，有和順輯睦之風，無乖争陵犯之變，則用軍旅之際，必能進退、坐作，合於規矩、準繩之法矣，至於交刃而戰，必能察敵情，敢於有爲，鋭於進取矣。傳曰「愛之如父母」，謂其居國之時，民之愛之如是也。故在軍之際，必能更相視傚而立功；交刃之際，必相信以前而無二心矣。兹皆施報之效，不可不知。○寅云：居國中，當惠以信，惠能懷衆，信能任民；在軍中，當廣以武，廣能容人，武能威敵；在兵刃上，當異以敏，異能決戰，敏能制勝。刃，謂以兵刃相接也。居國要和，和則上下相安；在軍要法，法則大小齊一；刃上要察，察者，見之明也，察則遇敵莫當。居國要見和好，和好則上下之情不乖；在軍要見方向，向義則大小之心相順；刃上要見信實，信實則罰當罪而不濫。○源云：刃上，猶言兵交之際也。敏，捷也。爲將之道，居國之中，則當以信服衆；在軍陣間，則當廣以威武；兵交之際，則當果敢敏捷。既能立其信義，則居國而能和矣；既能廣其威武，則在軍而有法矣；既能致其勇敢，則兵交而見功矣。方，向慕也。居國而和，則人見愛矣；在軍有法，則人見向矣；交兵知勇，則人見信矣。○黄云：此三致意於居國、在軍、刃上之道。居國當惠以懷衆，信以任人；在軍當廣以容物，武以威敵；兵刃交接之上，當果以決戰，敏以制勝。惟惠以信，則和而人情安；惟廣以武，則法而人心肅；惟果以敏，則察而敵無遁情。惠信而和，則人皆見好；廣武而法，則人皆向方；果敏而察，則人皆忱信。其斯爲保國全軍之道乎？○朱云：居國者，居國中之道也。在軍者，在軍中之道也。察者，見事明辨也。見好者，不乖戾也。見方者，知向義也。見信者，罰必行也。

凡陳，行惟疏，戰惟密，兵惟雜。人教厚，静乃治，威利章〔一〕。相守義則人勉，慮多成則人服。時中服，厥次治〔二〕。物既章，目乃明。慮既定，心乃强〔三〕。進退無疑，見敵無謀，聽誅，無誑其名，無變其旗〔四〕。

〔一〕施云：行軍必以陣，營陣必有法。營陣之法，以行列則疏，疏則利於擊刺；以致戰則密，密則相爲彌縫；疏則不可亂，密則有所恃。兵不雜則不利，故長以衛短，短以救長，此兵貴雜也。令素行則民服，故必使民習於戰，而後用此，教之貴厚也。兵以静勝，故勝乃治；我武惟揚，故威利章。○寅云：凡布陳，行列惟疏，疏則便擊；戰鬭惟密，密則力齊；兵器惟雜，雜則難犯。人教以敦厚，静專乃底於治，威令則利在章顯也。○源云：凡陣，行則當疏，交戰則當密，五兵相用則當雜，蓋陣疏則不亂，戰密則力齊，兵雜則有功。言軍旅衆多，而教令忠厚，所以静而治也。以「威利章」連下文。○閻云：（「威利章」）此句屬「凡陣」一節，言軍士既教以厚重静密，然後乃治理威令，而宜示以條章也，未審然否。○朱云：布陣，行列欲疏閒，則便於擊刺；戰鬭欲固密，則氣力齊一。教厚者，教以敦厚誠實也。静乃治，静專不譁，乃底於治也。○震案：「陳」，講義、集解此處同彙解作「陣」。「行」下「惟」字，開宗作「唯」。「兵」下「惟」字，彙解作「爲」。威者以威權震懾，利者以厚賞勸勉，威利章，即賞罰分明，恩威並用。

〔二〕施云：六德之教明義與焉，軍國之治勵義與焉。義者，誠兵家所不可闕也。人性能以義相守，則以之扶持，以之操執，莫不惟義是趨，孰不勉於赴功哉？此郭子儀之勉光弼，必以忠義爲先也。人孰不知兵，鮮能慮事。人孰不致慮，鮮能成功。孔子曰「必也臨事而懼，好謀而成者」，正此意也。孫臏減竈，是慮也，及龐涓已斬，人始服之；韓信背水，亦能慮也，及陳餘已禽，人始服之。苟爲無謀，未必不爲王恢、劉備也。王恢伏馬邑，慮非不善也，匈奴覺之而去；劉備伏谷中，慮非不善也，陸遜揣之爲巧。亦何足取乎？此人之所以未必服之也。若是則人之服之，非服其善慮也，服其慮之有成也。慮既有成，則人必中心服矣。時，是也，書所謂「其自時中」是也；中，心也，孟子所謂「中心悦而誠服也」是也。人既服矣，然後無不治焉。蓋大吏不服，遇敵必懟而自戰，又將何以治哉？惟其心服，故以次而治矣。○寅云：上下相守以義，則人人自勉。謀慮之事多成就，則人人自服。時人中心悦服，其次序皆治。中服者，中心悦而誠服也。○源云：威武功利有章，上下相守而有義，則人自相勸勉矣。又曰：章，條章也；義，信義也。凡出謀發慮，事事有成，則人自悦服。○閻云：時，是也。於是人中心悦而誠服，其次者亦皆革面而順治矣。未審然否。○朱云：以義相守，則人勸勉於事功；謀慮名所成就，則人自服從也。時中服者，時人中心悦而誠服，軍旅之次第皆治也。○震案：時中，合乎時宜而執中。易蒙彖傳「以亨行，時中也」，王弼注：「以亨行之，得時中也。」孔穎達疏：「若以亨道行之於時，則得中也。」厥次治，猶謂其等級次第皆有序也。

〔三〕施云：五色令人目盲，目既寓於色，則所以物物者不可不章，物章則目必明矣。心之官則思，心役於思，則所以慮之者不可不定，慮定則心必强。○寅云：物色既章顯，衆目乃明著。物色者，乃旗幟旛麾之類，所以威人之目也。謀慮既定，則衆心乃强盛矣。○源云：

軍中旗幟皆物也。旗鼓乃軍中之耳目，今曰「目乃明」，蓋取其物色有章，而視見明白也。爲主將者，計慮勝負已定，而不爲邪議所惑，則心有所主，而能自强無畏矣，若周瑜所謂「請得精兵五萬人，往進夏口，保爲將軍破之」之類是也。○朱云：旗幟旛麾，物色既以章別，則軍士衆目自然明辨；謀慮既能預定，則衆心有恃而强。

〔四〕施云：見可而進，知難而退，一進一退，惟其時而已，何疑之有？慮不先定，不可以應卒，見敵而後謀，其謀不亦晚乎？是以孟賁狐疑，不如童子之必至，不疑故也；大寒而後索衣裘，不備故也。聽誅者，聽其所誅者，如禮所謂「司寇聽之」是也。聽誅，則不誣其名。蓋罰貴必也，雖親必戮，雖讎必殺，又曷嘗以其名而誣之？不變其旗，古以旗爲期，謂之期約也。然罰不遷列，所謂旗者，即旗號也，可殺則殺，又豈必變其旗號而後誅之？○寅云：或進或退，無所疑惑，慮之定也。若見敵而無謀慮，則審聽其事而誅責之。無誣其名，上下疑有闕文。○源云：凡爲偏將者，率其所部，輕進輕退，而遂不疑，見乎敵人，而又無謀，故犯軍令以致敗績，宜即誅之。然當明正其無謀無慮之罪，不可易其姓名也。無變其旗者，蓋人當易，而旗幟方色不可換也。○黃云：此概言布陳之法。行列疏則便擊刺，戰鬬密則力齊一，兵器長短相雜則難犯。人教以敦厚，而又靜而不譁，乃底於治，威令則利在章顯。上下相守以義，則人奮勵；謀事多所成就，則人信服。維時人人中心悅服，其軍事次第皆治。旗幟旛麾等物色既已章别，則衆目乃明辨。謀慮既定，則衆心有所恃而强。疑謀蚤定，當進則進，當退則退，不待見敵而後有謀。軍中有聽候誅責者，無誑詐其名，我旗既張，無變易其旗號以惑衆。其斯爲「堂堂之陣」、「正正之旗」乎？○朱云：或進或退，無所疑惑，謀定於先，不待見敵而後有謀也。一説：進退無疑，是蕩然不知備之人，見敵無謀，是懵然無計策之人，皆當聽大將之誅責也。軍中有聽候誅責之人，無誑詐其名姓，變易其旗號，恐惑衆心也。○震案：「誑」原訛作「誰」，講義、直解、集解、彙函、開宗、武備志、彙解、張校、曹校皆作「誑」，當是，遂據正。名即金鼓。孫子勢篇「鬬衆如鬬寡，形名是也」，曹操注：「旌旗曰形，金鼓曰名。」「旗」，武備志作「旌」。

凡事善則長，因古則行。誓作章，人乃强，滅厲祥〔一〕。滅厲之道：一曰義，被之以信，臨之以强，成基一天下之形，人莫不説，是謂兼用其人〔二〕；一曰權，成其溢，奪其好，我自其外，使自其内〔三〕。

〔一〕施云：秦、隋不道，一傳而亡；文、武好善，八百其昌。事苟極其善，豈不長久乎？堯曰「稽古」，於變黎民；舜曰「稽古」，不詔而成。事合於古，豈不可行乎？名其爲賊，敵乃可服，則誓師之際，其可不作之以章明乎？　誓命既章，士卒必皆可用而强也。　士卒雖强，苟厲祥未滅，人未必無惑也，故又在乎滅厲祥焉。　厲，災也。　法曰「禁祥去疑，至死無所之」，又曰「心一在乎禁祥去疑」，則滅厲祥者，兵之所不敢忽也。　故太白守歲，李晟不顧；杯水化血，孝恭以爲賊臣授首，此滅之之道也。　○寅云：凡事從於善則長久，因依古道則行之。誓告衆士，振作人心，章章明白，則人力乃强。　又當滅息厲祥之事。　滅厲祥，即孫子所謂「禁祥去疑」是也。　○源云：誓，誓書也；章，誥章也，即湯、武之誓誥也。　厲，災異也。　祥，祥瑞也。　凡爲事，從善者其理必長，若欲遵古，則當依誓書而作誥章，蓋誓誥之言無不盡善，故當遵而行之，此所以王者無敵，而吾之兵衆乃强也。　然作誓誥，猶當盡滅災異祥瑞，恐惑人之視聽，即孫子所謂「禁祥去疑，至死無所之」是也。　昔漢高祖正宜因古作誓，奈何兵孤勢弱，懼楚偷安，又無伊、吕之臣，所以不敢明立誓誥，但與秦民約法三章。　觀乎大風之歌「安得壯士兮守四方」，則其始終不足以繼湯、武之志可見矣。　○朱云：舉事合乎至善，則可長久；因依古道，則可通行。　誓戒作卒之政，章明較著，則人奮發而力强壯。　滅厲祥者，疵厲機祥之事，當滅息之，所謂禁祥去疑也，恐惑衆也。　○曹云：孫子九地篇「禁祥去疑，至死無所之」，張預注：「欲士死戰，則禁止軍吏，不得用妖祥之事，恐惑衆也。　去疑惑之計，則至死無他慮。」司馬法曰「滅厲祥」，此之謂也，義可互證。

〔二〕施云：上言「滅厲祥」矣，猶未見所以滅之之道，此又言滅之之道焉。傳曰「事得其宜之謂義」，是義者，滅厲之一物也。事得其宜，必始而待之以信，使知所服；終而示之以强，使知所畏。蓋不言而信，信在言前，則先之以信也必矣；外得威焉，所以戰也，則後之以强也可知。惟盡是二者，其基可成，天下之勢，自此而一矣。秦之商鞅，徙木者與之金，所以示信也；犯令者必有罰，所以示强也；率之國富兵强，吞噬六國，非能一其形乎？夫如是，天下之士不得不歸之，此所以説而趨於所用也，豈不謂之兼用乎？○寅云：滅厲之道，一曰制之以義，使各得其宜；被之以信，使皆知所守；臨之以强，使敵莫能禦。前曰「滅厲祥」，此止曰「滅厲」，無「祥」字，恐遺之也。成王者之基業，混一天下之形，使人心皆喜悦，此所謂兼用其人也。○源云：滅災之道，以義爲主，義孚於人，則災異自彌，所謂妖不勝德也。唐李孝恭言杯酒變血「賊授首之兆」，即此意也。今而明此大義，蒙之以大信，臨之以强勇，成立國家之基，以一天下之勢，則人孰不喜悦？所謂兼用天下之人也。○朱云：成基者，成就基業，統一形勢也。悦者，既建功業，自順人心也。兼用其人，言并人心而用之也。○震案：「用」，武備志作「得」。兼用其人，承上「被之以信，臨之以强」云，謂信與强兼用之，使軍隊指揮堅强有力、集中統一，而人心悦服。

〔三〕施云：兵不知變，不可以勝敵，則權變之道，亦居其一焉。而權之所用，必有以成其驕溢之心，所謂卑而驕之也；必有以奪其好，所謂親而離之也。彼其心既驕，則是我能自外以溢之也；其君臣相離，則是彼自內有以奪之也。非天下之至變，其孰能與此？○寅云：一曰行之以權，成其所滿盈者，奪其所好愛者，我軍自其外攻之，間使自其內應之。成其溢者，驕之也；奪其好者，孫子所謂「先奪其所愛」者是也。○源云：兵家權術，始甚於此，然遇世之安史之凶，不得不如是也。成其溢者，使敵人窮奢極欲，沈湎酒色，大興土木，淫刑不道，廢絀忠鯁，信任姦回，人神共怒是也。奪其好者，結其英雄，收其游士，擇其囚禁，截其糧道，據其要害，取其兵馬，絶其救援，分其兵勢是也。權謀已行，則吾可乘其弊於外，而其衆自亂於內矣。○朱云：權者，權變，乃兵家第一要務，亦有三事也。成其溢者，敵人盈滿，我將順之也。敵人所好，我挫奪之也。○震案：「一」字直解無，疑脱，武備志作「三」。上既言「滅厲之道」，則此二「其」字所指當係兵士而非敵人。溢，廣雅釋詁二「盛也」。成其溢，振奮士氣，使之旺盛。奪其好，剥奪其恣欲偏好。我自其外，使自其內，謂既要施加外部管理手段，又要調動和激發兵士內在驅動。

一曰人，二曰正，三曰辭，四曰巧，五曰火，六曰水，七曰兵，是謂七政〔一〕。榮、利、恥、死，是謂四守〔二〕。容色積威，不過改意，凡此道也〔三〕。唯仁有親，有仁無信，反敗厥身〔四〕。人人，正正，辭辭，火火〔五〕。

〔一〕施云：官人得則士卒服，是將貴乎得人也，得賢將則兵强國昌，是得人不可後也，故一曰人。征之爲言正也，所以正其不正也，亦兵之要也，然必得人而後正可施，故次之於人焉；或以爲服正之正，亦正也。師出無名，事故不成，則奉辭伐罪，亦用之之一道也，故三曰辭；或以爲號令之辭，亦辭也。養力索巧，乃可以動，巧亦兵之所用也，故四曰巧；或以爲器械之巧，亦巧也。至於火也，水也，兵也，雖皆戰之不可闕，然亦爲下矣，故五曰火，六曰水，七曰兵；火即孫子之「火攻」，水即吴子之「水戰」，兵即法之「五兵」。是七者皆軍旅之政也。苟非其人，不可以舉，故必先之以一曰人。○寅云：初一曰任用賢人，次二曰正以率下，次三曰修爲辭命，次四曰盡其巧技，次五曰慎火攻之法，次六曰修水之利，次七曰治兵有法，此所謂國之七政也。○源云：人，智勇謀略之人也，即太公所謂行師當用七十二人是也。正，天下之正道也。辭，辭命也。軍國之間以辭命爲主，辭嚴而正，則可以服敵，辭失而卑，適足其以致釁，若吕相之絶秦，趙咨之使魏是也。巧，巧於應變也。火，即孫子所謂五火是也。水，即韓信之背水、壅水是也。兵，即上文五兵是也。此所謂兵家之七政也。○朱云：人者，萃羣賢也；正者，振紀綱也；辭者，謹辭命也；巧者，工制作也；火者，用火攻也；水者，修水利也；兵者，治兵器也，七者軍國之政也。○震案：「謂」，彙解作「爲」。

〔二〕施云：好生惡死者，常人之情；使之樂死者，用人之法。夫驅無辜之民，而置之萬死一生之地，而人莫不從之者，蓋有所守也。吾有榮名以誘之，則人必慕榮而樂戰；有厚利以與之，則人必趨利而樂戰；民知生辱死榮，則必好榮矣；民知罰在必行，則必重死矣，四者無失其所操，是謂四守。魏辛雄上疏曰：「凡人之所以蹈突陣而忘身、觸白刃而不憚者，一則求榮名，二則貪重賞，三則畏罰，四則避禍難。」亦此意也。○寅云：榮，寵渥也；利，貨財也；二者人之所欲。恥，羞辱也；死，刑戮也，二者人之所惡。榮、利所以賞善，恥、死所以罰惡，此所謂國之四守也。○源云：榮，爵禄也。利，恩賞也。恥，窘辱也。死，刑罰也。蓋爵不可濫予，恩不可濫施，士不可輕辱，刑不可妄殺。此四者，誠主將之大權，宜謹守而用之，故謂之四守也。爵賞固不可濫，然謹高取非己有而與人，則不可拘於此矣。○朱云：四者，所以勸戒將士，使之謹守也。○震案：「是謂」，直解作「謂之」。

〔三〕施云：臨之以莊，君子治民之道也，況於用兵之際，可不正其顏色乎？望之儼然，君子處己之道也，況於用兵之際，可不積其威儼乎？容色則人知所敬，積威則人知所畏，凡若是者，無他也，不過使三軍之士有過則改而已。蓋小人之過也必文，未有能改之者，吾今示之以威容，則彼必改是矣。凡此者，皆用兵之道，故曰「凡此道也」。○寅云：容色者，容人之色，所以勸善；積威者，積我之威，所以懲惡，二者不過更改志意而爲之，凡此皆滅厲祥之道也。○源云：容色，喜色也。積威，怒意也。喜而賞，則假之以喜色；怒而罰，則震之以威嚴。賞罰既行，人已信服，即當改變其意以待其下，不可喜而不已、怒而不解也。○黄云：（自「凡事善則長」以下至此）此言凡事當要諧善，而因詳滅厲之道。善固可以長久，而因古則有當斟酌者。後世用火、用車，一敗塗地，貽誚於時，總不如因敵變化之爲神。誓作固可振士氣，而滅厲得祥，則吉凶繇人（周内史叔興曰「隕星化石，鷁飛退宋郊，此陰陽之事，而吉凶則繇人」），斷之以理足矣。道有正義，有權謀，又有七政，固明明可指矣。而所以勵將士者，又有榮、利、恥、死四守之道。榮寵可謝，則金紫可以不着（顔杲卿與袁履謙行，指禄山所與金紫曰「何爲着此」）；貨利可捐，雖金粟不以入懷（有金如粟，不以入我懷）；有馬如羊，不以入我廄）；廉恥是勵，間關以達君命（張淳答雄成曰「寡君祖考以來，世濟忠貞，以未雪讎敵爲恥，方枕戈待旦，且何娱之有」）；視死如飴，願受一劍爲快（顔真卿見李希烈掘坎於庭，曰「死生已定，何必多端，願授一劍，以快爾心事」）。是則不動念於四者，而屹然能守者矣。若乃容色以勵善，積威以儆慝，不過使人更意爲善而止。斯則上下相與於一善之中，滅厲之道無踰此。○震案：容，悦也。韓非子説林下：「以求容於我者，吾恐其以我求容於人也。」源以「凡此道也」四字屬下。

〔四〕施云：「仁見親」，法言之矣：「仁者，人之所親」，略言之矣：是仁者有親也。仁雖足以愛人，仁而無信，不知其可也，故反敗其身。宋襄公嘗行仁矣，然信有所不足，卒之喪師辱國，詎不敗乎？○寅云：唯仁者有所親，所謂「民罔常懷，懷於有仁」是也。若空有仁心，而不實之以信，反敗其身，所謂「民無信不立」是也。○源云：此因上文而言。凡行此道，唯有仁心者，則民見親，然有仁心而無信義，則爲假仁之人，而反喪其身矣。若項王見人恭謹慈愛，言語嘔嘔，涕泣分飲食，有功當封爵者，印刓弊，忍不能予是也。○黄云：此言有仁不可無信。「民罔常懷，懷于有仁」，固矣，然民無信不立，故敗。善治者，必信運於仁之中而後可。○朱云：仁者人恒愛之，故有親民，無信不立，若不信，則雖仁而亦足取敗。善治者，必信運於仁之中而後可。○震案：「唯」，開宗、武備志、彙解俱作「惟」。「厥」，武備志作「辱」。

〔五〕施云：兵不可無其政，政不可無其實。人、正、辭、火，政也。人必得其人，正必得其正，辭必得其辭，火必得其火，此實也。人人，即所謂官人得也；正正，即所謂率以正也；辭辭，即所謂我有辭也；火火，即所謂以時發之也。上言七政，而獨言者，蓋舉火則水可知，舉人則兵與巧實存其中。○寅云：人人者，任人而選其所當任之人也。正正者，正其所當正者也。辭辭者，修辭命以責人，言其所當言者也，如齊桓責楚以「苞茅不入，王祭不共」，而楚人請盟是也。火火者，火其所當火，不可輕用焚滅，以傷人害物也。按上文有七政，此重言其四，而不言「巧」「水」「兵」者，未審何義，疑脱之也。○黄云：此承上七政而言，言四者之用貴得其宜，不可妄用也。○朱云：總貴得其宜也。○震案：諸説皆以火訓水火之火，於意牽强。通雅釋詁引楊慎語引司馬法「驕驕，懾懾，人人，正正，辭辭，火火」，方以智案：「一火與一火，猶之人其人也，軍法十人爲火，有火長。」又通典卷一四八「五人爲烈，二烈爲火，五火爲隊，二隊爲官，二官爲曲，二曲爲部」，愚謂「火火」猶孫子計篇之「曲制」，即杜牧注「部曲、隊伍有分畫也」。又春秋繁露五行相勝「火者，司馬也」，疑「火火」之説或與稷下鄒衍之徒有關，未知確否。

凡戰之道，既作其氣，因發其政，假之以色，道之以辭，因懼而戒，因欲而事，蹈敵制地，以職命之，是謂戰法〔一〕。

〔一〕施云：法曰「戰在於治氣」，又曰「氣實則鬭」，是兵必以氣爲主也。夫搏者袒裼奮臂，所以壯氣也；駡者叱咤撫掌，所以示氣也。况戰之爲道，其可不作之以氣乎？長勺之戰，魯所以勝者，以其知作氣之道也。既作其氣，又當發之以政焉。政，軍政也。周官司馬「掌邦政」，則軍之有政可知矣。此蓋有以作其氣，而後可以治其事也。然不假之色，則無以容之；不道之辭，則無以勉之。法曰「示以顔色」，是欲假之以和柔之色也；又曰「告以誓言」，是欲勸之以禦侮之辭也。至於人有懼心，則必使之知戒；人有欲心，則必使之從事；懼而不戒，則人怠於戰；欲而不事，則人失所望。吴漢隨馬，衆必危懼，而漢乃告以「此正諸公封侯之秋」，衆莫不激怒，非因罪而戒乎？田單守即墨，士卒怒氣百倍，單乃因而縱以火牛，驅以壯士，卒復齊城，非因欲而事乎？夫如是，可以深入敵人之制地，可以分其所職之事，故車戰則命以車之職，徒戰則命以徒之職，騎戰則命以騎之職，是數者，皆戰之法也。一説蹈敵制地，以爲因敵之道而蹈之。○寅云：凡戰之道，既振作其士衆之氣，因開發其刑賞之政，假借之以顔色，引導之以言辭，因其心懼而戒飭之，因其所欲而往使之，蹈敵人之境，制敵人之地，各以職事命之，此所謂戰法也。○源云：凡戰之道，既鼓三軍之勇氣，然後以發其政令。政令既嚴，又必假之以顔色，道之以言辭。人心畏懼，則因其畏懼，而戒以敬謹；人心欲戰，則因其欲戰，而使之奮勇。入敵所制之地，又當分以職命，若爲奇兵者，則當間道銜枚；爲正兵者，則當分布營陣；爲餽餉者，則當力通糧道，使各就其職，間敢違令。此進戰之法也。○黄云：此言戰陣之法。振作士衆之氣，方發征伐之政，假借之以顏色，訓導之以言辭，因其所懼而戒飭之，因其所欲而任使之，蹈敵人之境，制敵人之地，各以職事命之，其斯爲有制之師乎？○朱云：色，寬和之顏色也。蹈敵者，入敵境探其虚實也。制地者，據其險阻也。以職命之者，以職事命吾將士以整軍旅也。○震案：「蹈」，講義、武備志並作「陷」。

凡人之形，由衆之求，試以名行，必善行之〔一〕。若行不行，身以將之。若行而行，因使勿忘，三乃成章。人生之宜，謂之法〔二〕。

〔一〕施云：賢者言可以爲天下則，行可以爲天下法。人之所形者，在是也，欲得爲人之形法者，必由衆以求之，如語所謂「選於衆」是也。法曰：「訊厥衆，求厥技。」夫有技之士，猶因衆以求之，況可以爲人之形法者，可不由衆以求之乎？然人不可以妄取也，必得其實焉。語曰「如有所譽者，其有所試」，四嶽曰「試可乃已」，是用人之道，必欲使之名實相當而後可也。聖如大舜，堯猶使之試諸難，況常人乎？夫所謂行者，亦其能行之也。易曰「君子以成德爲行，日可見之行也」，書曰「亦言其人有德」，亦行其人有德，此試以名，則所以必貴於善行之也。○寅云：凡人智勇、貪愚之形，必由衆人中求之。試之以名行，若名與行相稱，則謂之君子，又必擇其善而行之可也。○源云：凡人之容貌，可於衆人之中求之，然當試以名實節行，務見其善，必使行之。又曰：擇人任將，聖人所難，苟不試以名行，而輕信委任，則豈不至於覆軍敗衆，而誤國家之大事哉？是故恃勇者無謀，輕躁者無知，矜己者無識，傲物者志驕，嫉賢者性姦，妒才者心險，不孝者無君，好殺者無德，貪財背義，好色亂倫嗜酒者誤事。士之名行，有一於此，豈可任乎？必也清廉寡欲，下士親賢，孝敬寬仁，好謀尚義，明足以破姦，智足以決勝，讒不能入，利不能動，剛不好殺，柔不受侮，忠君之志，死生不移。士或有此一二，斯可擇而任用。苟兼此數者，則可以爲人將矣。此則試以名行，必善行之之道也。○震案：「形」，彙解、開宗作「行」。形與型通。左傳昭公二十年「形民之力」，杜預注「言國之用民，當隨其力任，如金冶之器，隨器而制形」，孔穎達疏：「鑄冶之家，將作器，而制其模，謂之爲形。」朱駿聲說文通訓定聲鼎部：「形叚借爲型。」型即範，說文土部段注「以竹曰笵，以土曰型，引申之爲典型」，「又或假借形爲之」則形猶典型、典範。「由」，開宗作「繇」，武備志作「因」。名者號令。國語周語下「名以成政」，韋昭注：「名，號令也。」此言從衆人當中尋找典型，總結規範，而以號令試行，並積極推廣之。

〔二〕施云：若其不能行行，必以身先之，傳曰「其身正，不令而行」，又曰「以身教者從」，是身以將之意也。若能其行，吾則因而使之無或忘。苟爲可將而不將之，則是不成人之美；不可忘而或忘之，則是使大臣怨乎不以也，何足以得英雄之心乎？三乃成章者，蓋數起於一，立於兩，成於三。治身者必以三省，行事者必以三思，是皆以其三，則有成也。試人之法，至於再三，則其人之才行，章然可見矣。故始而考之，中而考之，終而又考之，凡三者若是，則人焉廋哉，宜其章然可見也。一説章爲章程。孟子論用賢，以左右之言爲未可，以大夫之言爲未可，又以國人而察之，則其考之也，豈不至於三乎？孟子之意，正欲見其行之所蘊也。斯人也，吾非妄取之也，以其云爲舉措，素合於人心也，人生咸其所宜，豈不足以爲人法乎？一説三乃成章，曰：試以名行，一也；身以將之，二也；因使勿忘，三也。○寅云：若令之行而不能行，必身先以將之；若令之行而能行，因使勿忘於心，三令之乃成章也。人生而得義之宜，謂之法。此句上下恐有闕文誤字。○源云：若所行果有不善，則吾仍自將之，不使其獨將；若行而果善，因使勿忘其善，如此者三，則可成文而成事矣。此乃人生之宜、取士之法也。○黄云：此承上戰法而言行法之要。凡人之行法，不過求之衆人所能行者，而又試之以名行，則誰敢自棄？必善行而無勞督責矣。若行法而不能行於天下，必身自率之；若行之而能行，因使行之勿忘，再三令之，必使行之成章而後已。繇此觀之，法乃人生之所共宜者，非强人之事也，而又烏有不行哉？○震案：「身以將之」，開宗、武備志「以」作「自」。生，讀爲性。徐灝説文解字注箋生部：「生，古性字。」

凡治亂之道，一曰仁，二曰信，三曰直，四曰一，五曰義，六曰變，七曰專〔一〕。

〔一〕施云：天下有不齊之情，聖人有能齊之術，此治亂則有道也。仁見親，無仁則不愛，未有不亂，故一曰仁；信見信，無信則必疑，未有不亂也，故二曰信；直則無反側，故三曰直；用衆在乎心一，故四曰一；爭義不爭利，故五曰義；知變則可以應事，故六曰變；專精則可以行法，故七曰專。語曰「克己復禮爲仁」，又曰「仁者能好人，能惡人」，其公可以治己也，既有仁以先之，何亂之有？子玉治兵，鞭七人，貫三人耳，仁安有哉？所以不能治民也。傳曰「上好信，則民用情」，又曰「信，符也」，爲其可以執以爲稽也，爲其不疑也，既有信以行之，何亂之有？晉文伐原以示之，爲其信也，晉國之所以治。詩曰「周道如砥，其直如矢」，書曰「平康正直」，既能直以將之，何亂之有？子産古之遺直，爲能直也，此鄭國之所以治也。法曰「心欲一」，爲其齊也，既能一以齊之，何亂之有？屈突通惟其一心，此唐所以資之而有天下。理財正辭，禁民爲非曰義，爲其得宜也。傳曰「行而宜之」，謂義爲其合於道也，既有義以用之，何亂之有？郭子儀、李光弼相勉以忠義，是有義也，此唐之所以治歟？通變天下無弊法，是知權也，既能變以通之，何亂之有？王伯之權以濟事，是知變也，軍之所以勝歟？法曰「出軍行師，將在自專」，爲其精一也，既能專以行之，何亂之有？孫武之於「君命有所不受」，是能專矣，此吴軍之所以治也。夫既能盡是，七者何亂之不治乎？○寅云：治亂之道：初一曰仁，仁者，愛之理也；次二曰信，信者，以實之謂也；次三曰直，直者，不偏曲也；次四曰一，一者，誠實而無妄也；次五曰義，義者，事之宜也；次六曰變，變者，權變也；次七曰專，專者，專一也。○源云：仁，即上文之「仁」。信，即上文之「信」。宜，事理之宜也。一，三軍一人之一也。義，亦上文之「義」也。變，權變也。專，即下文所謂「使法在己曰專」之「專」也。此七者，誠治亂之大道也。○黄云：此言治軍國壞亂之道。仁不虐，信不欺，直無曲，法令一，事合宜，權知變，柄不分，庶幾可轉敗而爲功乎？○朱云：治亂，治其亂也。仁則不虐，信則不欺，直則無曲，一則不二，義則合宜，變則通達，專則不分也。○震案：「專」原訛作「尊」，講義、直解、集解、彙函、開宗、武備志、彙解、張校、曹校皆作「專」，當是，遂據正。

立法，一曰受，二曰法，三曰立，四曰疾，五曰御其服，六曰等其色，七曰百官宜無淫服〔一〕。

〔一〕施云：不觀其始，無以知法之所自行；不觀其終，無以知法之所自成。夫制而用之謂之法。推而行之，存乎其人，而其所以揭而示之者，又寓乎物也。是法也，其初則上受之下，下受之上，故一曰受；既有所受矣，故可稽以爲決，操以爲驗，故二曰法；既有法矣，而後可以有立，故三曰立；既立矣，故如置郵傳命之速，故四曰疾：此皆法之所自行者，有所始也。衣服者，法之所御也，故於衣服，則當御之，使無非法之服，周禮司服「衮冕」、「鷩冕」、「玄冕」之類是也，又安有衣之偏衣如晉之太子哉？服色者，法之所由辨也，故於尊卑，則當等之，使無隆殺之混，所謂九章、七章者是也，又安有「彼其之子，不稱其服」，而爲詩之所刺也哉？然而百官又不得爲淫服。淫服者，非法之服。陳公衣祖服於朝，此淫服也，陳之所以亡。然立法必以衣服爲言者，易服色，王政之所先也，則衣服言於立法之終，固宜。○寅云：立法：初一曰受，受者，能容物也；次二曰法，法者，明法令也；次三曰立，立者，執立而不能搖奪也；次四曰疾，疾者，機事欲疾也；次五曰御其服，御其服者，制其戎戰之服也；次六曰等其色，等其色者，旗幟、衣服之色各有等也；次七曰百官宜無淫亂之服也。○源云：受者，受君命也，即太公所謂「卜吉日，以受斧鉞」也。二曰法者，軍法也，即下文「與下畏法」之「法」也。三曰立者，立其計也。四曰疾者，即黄石所謂「攻敵疾，則備不及設」也。五曰御其服者，整其戎服也。六曰等其色者，戎衣既整，必當齊其色也。七曰百官宜無淫服者，軍中之服，宜與衆相同，不可衣異色之服以亂軍號也。○黄云：此言軍國之要紀。容受、明法、堅守、敏事，固知所重矣。至於服御、旗章，往往不知等辨。竈養爛羊（「竈下養，中郎將；爛羊頭，關内侯」），貂續金紫（趙王倫黨，貂蟬滿坐，人爲之諺曰「貂不足，狗尾續」），愈令甲胄落顔色，又何軍容之能肅哉？○朱云：立法，立軍國之法也。受，量能容物也。法，法令嚴明也。立，持守堅定也，不摇撼也。疾，機事迅速也。御其服，制其戎戰之品服也。淫服，淫亂僭越之服也，如貂裘、金紫是也。○震案：上「立」字，講義作「直」。

凡軍，使法在己曰專，與下畏法曰法〔一〕。軍無小聽，戰無小利，日成，行微曰道〔二〕。

〔一〕施云：執法馭下者貴乎必，率下以身者貴乎公。將之治軍，使法歸於己，而無掣肘之患，則法爲必矣，故曰專。孫子曰：「臣既受命爲將，將在軍，君命有所不受。」是知專也。法行於人，己與共畏之，而無失之私，則法爲公矣，故曰法。魏武曰：「法與天下共之，何敢輕也？」是知法也。李牧守雁門，軍不從中御；李靖軍中節度，不從中治。此法使在己，曰專也。祭遵以光武舍兒犯法，而終殺之；曹操馬躍麥中，乃割髮自刑。此與下畏法，曰法也。

○寅云：凡軍旅之中，使法令出在己，謂之專一；上與下皆懼法，方可謂之法也。○源云：法在於己，則不爲人所擾；與下畏法，則法自重，而人不敢輕玩法。在己者，即孫子所謂「將能而君不御者勝」是也。○朱云：下人畏在上之法度，則謂之法。○震案：御覽卷三一三引「凡軍」以下至「戰無小利」二十二字及古注。

〔二〕古注云：小聽謂輕弱敵人，稱其虛弱，危敗易勝，以喜士衆，沮備預也。小利謂小敵擊誘於餌，數爲小戰也。○施云：行兵之法，無以小言而必從，無以小利而必貪，從小言必爲敵所間，貪小利必爲敵所誘。張飛聲斷軍後，曹洪知其張聲；姚興言救慕容，宋武知其虛辭，軍豈可以小聽哉？司馬懿屯陽遂以誘諸葛，而亮不動；先主營平地以誘陸遜，而遜知其有巧，戰豈可以小利哉？兩者既不可以成功，如何而可哉？曰：有道也。蓋勢有所立，而後可以用其機；機有所秘，而後可以盡其道。法曰：「知戰之地，知戰之日，可以千里而會戰。」知戰固有日也。夫戰日既成，是戰之勢立矣；而又行之以微，則密其機，使時人不知吾所與戰日與地，斯可謂盡用兵之道也。張良運籌決勝，衛公以爲知道，此也。○寅云：軍中無小聽，則戰無小利，言聽之大，而戰之利亦大也。謀慮日有所成，而行之以微妙，此謂之道。○源云：善用兵者，形人而我無形。故善守者，藏於九地之下；善攻者，動於九天之上。凡張虛聲而示我者，皆詐也，豈可因其輕報而聽信哉？昔李德裕不信有十五里光明長甲，正爲乎此。戰無小利者，假如敵有十萬之衆，而以千人誘我，雖可以勝，而後有大敵在後，豈可貪其小利而輕戰哉？若陸遜不擊吴班，司馬懿不取小利以驚之是也。「日成行微曰道」，疑有誤文。「日成」宜作「日戒」，猶言毋小聽，毋小戰，口戒其衆，而行至微之策，故謂之道。未識是否，智者詳之。○黄云：此言軍法貴專而可守，不可以小謀小利而亂圖成微妙之大道。○朱云：小聽者，軍中無聽淺小之謀也。小利者，與人戰則勿争小利也。計日成功，而行事又微妙莫測，此謂之道也。

凡戰，正不行則事專，不服則法，不相信則一〔一〕。若怠則動之，若疑則變之，若人不信上則行其不復，自古之政也〔二〕。

〔一〕施云：所難齊者，人之情；所易齊者，上之政。正人之道不行，則事之以專，其誰不正哉？穰苴於士卒未附、百姓不信之際而斬莊賈，示之以專也。人有未服，則行之以法，其誰不服乎？孫武教戰，左右大笑，而三令五申之者，法也。心有不相信，則當一之。張遼、李典素不叶，乃曰「此國家大事，顧君計如何耳」，一也。○寅云：凡戰，若正不可行，則專其事；

下不服，則申之以法令；人不相信，則示以誠實。一者，成也。或曰：一其號令也，號令一，則人相信也。○源云：凡進戰之道：正計其不行，而爲邪謀所沮，則當用權以專之；其下有不服，則當用法以治之；人或不親信，則當立信以一之。○朱云：戰陣之中，若合乎正而勢不能行，則當專一其事以行之。下不服從，則以法齊之。一者，誠也。人不相信，以誠孚之。○震案：「行」原訛作「符」，講義、直解、集解、彙函、開宗、武備志、彙解、張校、曹校皆作「行」，當是，遂據正。

〔二〕施云：士卒有怠心，則作之此，吳漢於吏士恐懼不戰，而激勵之以怒者，氣也；人有疑惑之心，則變之此，太公焚龜折蓍而破紂也；人不信於上，則行其不復之令，此商鞅徙木之法也。凡此皆古之政也，蓋此皆古人之所已用之政也。夏官主政，故曰「政」，法所以四言之也。○寅云：衆若怠惰，則動作之，而使之不怠；衆若疑懼，則變更之，而使之不疑；若人不信在上之人，則令行不可反復，書曰「令出惟行，弗惟反」是也。凡此皆自古之政也。○源云：久處而怠惰，則當遷動之；衆心有所疑，則當變更之；處治若此，而人不復信上，則前法不可再行矣。此自古兵家之政也。又曰，此「專」字與上文「專」字不同。蓋上文之專法在於己，故能行其軍令；此則爲人所擾，正不能行，故當以己意斷之。若曹操既得荆州，將順東下，張昭等勸於孫權曰：「長江之險，已與我共之矣，不如迎之。」魯肅、周瑜以爲不可，勸進兵擊之。權因拔刀斫奏案曰：「諸將吏敢復言當迎操者，與此按同。」遂大破操兵於赤壁。此則所謂正不行則事專之一略也。○王云：篇首曰「因心之動」，是一冒頭，中間雖有斷落，而實一氣貫下，如禹之征苗云「尚一乃心力」，武之伐商云「予有臣三千，惟一心」。曰「定爵」者，如禹之征苗曰「其克有勳」，湯之伐桀曰「予其大賚汝」，武之伐商曰「功多有厚賞」，則定爵尤軍旅中服人之首務。○黄云：此言事貴專一，又要變動不拘，而總要之一，誠必期上下相信而後止，如此則法明，而人無不服矣，乃稱古善戰之政。按孫子十三篇中「五事」，人以爲萬世常經，司馬此篇多補十三篇所未及。○朱云：人心怠惰，則動作鼓舞，使不怠惰；人心疑懼，速爲變更以釋之；所行之事，既不信於人，更不反復以强之：自古軍國之政事也。○震案：變有感化、教化之義。大戴禮記曾子事父母「孝子唯巧變」，王聘珍解詁：「變猶化也。」又云：「孝子之諫，達善而不敢争辨。」故「巧變」即巧於勸諫而化之，以達於善。若疑則變之，猶言若人心存疑懼，則教化引導，以堅定其信念。

司馬法集釋卷下

嚴位第四

寅云：嚴位者，嚴整其位也。以首有「位欲嚴」三字，故以「嚴位」名篇。篇内亦多闕文誤字。○黄云：此篇多言步伍之事，而并及制勝之策，取首句名篇。○朱云：嚴位者，嚴其步位之法也。此篇多言步伍之事，而并及制勝之策，取首句名篇。

凡戰之道，位欲嚴，政欲栗，力欲窕，氣欲閑，心欲一〔一〕。

〔一〕施云：戰亦多術，不可以一而求；術無不備，斯可以成其功。凡戰之道，有位、有政、有力、有氣，而又有心焉，其術不同也。位嚴、政栗、力窕、氣閑，而其心又一，則術無不備矣。夫將帥而下有偏裨，偏裨而下有長正，尊卑小大，其位不可以不嚴；位苟不嚴，則上下之分不正，必有大吏怒而不服者矣。今也位欲嚴，而分必定矣，此穰苴有「定爵位」之言、僖伯有「卞等列」之對是也。刑罰以威其心，進退以謹其節，申令法制，其政不可以不栗；政苟不栗，則士卒之心不服，必有畏敵而侮我者矣。今也政栗則心必服矣，此程不識治簿書、廷玉之申號令是也。飽而後可以待飢，佚而後可以待勞，其力不可以不窕；力苟不窕，則必有望敵而不進者矣。今也力欲其窕，則士必勇矣，此王翦之軍投石超距、鄭國之士投蓋稷門是也。軍旅以舒爲主，不舒則氣奪矣，故氣欲閑。王霸之閑營休士，亞夫之固壘不出，欲其氣之閑也。兵大齊則制天下，不齊則其心惑矣，故心欲一。班超以三十六人在西域，而死生皆從；張巡歷四百餘戰，而人無異志，其心一也。凡此皆戰之道也。○寅云：凡戰陳之道：卒伍之位欲嚴整，嚴整則不至於亂；軍旅之政欲嚴栗，嚴栗則下不敢犯；衆人之力欲輕窕，輕窕則力鋭；士卒之氣欲閑習，閑習則氣盛；上下之心欲專一，專一則心齊。○源云：位欲嚴，言其任重，而爵位當尊嚴也。政欲栗，言其所執之政至大，而人皆畏慄也。力欲窕，言其能養戰士，以力深厚也。氣欲閑，言其能撫循士卒，而士氣安閑也。心欲一，言其上下同欲，三軍之心同一心也。○黄云：此舉戰道之要。位嚴整則等威辨，政栗洌則威令振。力窕捷則輕鋭，若説輕佻，行軍所忌，王孫滿緣此以卜秦師之敗。氣安閑則静治，心齊一則堅固。首挈戰道，而推本於氣閑心一。微哉，其言之矣！○朱云：嚴整，齊不亂也。栗，使士卒戰栗不敢相犯也。窕，輕鋭敏捷也。氣，士氣也。閑，限止也，闌也，所以止物之出入也，又安閑寧靜也。一，齊一和同也。○震案：栗，嚴肅莊重。書舜典「寬而栗」，孔安國傳「寬弘而能莊栗」，孔穎達疏：「謂矜莊嚴栗。栗者，謹敬也。」窕，爾雅釋言「閑也」，郝懿行義疏：「閑，暇也。」

凡戰之道，等道義，立卒伍，定行列，正縱横，察名實〔一〕。立進俯，坐進跪〔二〕。畏則密，危則坐〔三〕。遠者視之則不畏，邇者勿視則不散〔四〕。位下，左右下，甲坐，誓徐行之〔五〕。位逮徒甲，籌以輕重，振馬譟，徒甲畏亦密之〔六〕。跪坐、坐伏，則膝行而寬誓之〔七〕。起、譟，鼓而進，則以鐸止之〔八〕。銜枚，誓糗，坐，膝行而推之〔九〕。執戮禁顧，譟以先之〔一〇〕。若畏太甚，則勿戮殺，示以顏色，告之以所生，循省其職〔一一〕。

〔一〕施云：用人之法有不同，則治人之術亦不一。道義也，卒伍也，行列也，縱横也，名實也，所以用人也。曰等，曰立，曰定，曰正，曰察，所以因其人而治之也。昔晉人謀元帥，以郤穀將中軍，曰：其爲人也，「閲禮、樂而敦詩、書」，「詩、書，義之府也；禮、樂，德之則也」。是則將帥之用，豈惟其才乎？以其有道義之可用也。道義之列，有小大，有長短，又不可無以等之。成周之制，五人爲伍，四兩爲率，故伍有長，率有正。是則三軍之用，豈無其制乎？率伍之制，其衆寡、其少長不可無以立焉。李衛公言伍法之要，「小列之五人，大列之二十五人，參列之七十五人，又五參其數，得三百七十五人」。教戰之法，其可無序乎？行列之序，其前後、其左右又可無以定之。太公畫方法，千二百步，「横以五步立一人，縱以四步立一人」，則縱横之道不可不正也。於此正之，則經東西、緯南北，地與人相稱矣。管子曰「理名實勝之」，此自治之節制也。太公亦曰，使名當其實，實當其名，則名實不可不察也。於此而察，察之則循名責實，真才實能可得而用矣。蓋有將而後有軍，有軍而後有陣，陣而後度數、刑名備矣。能否之實，於此可别矣。故曰察名實，此其序也。○寅云：凡戰陳之道，等道義之人。等者，任之有等級也。立卒伍之長，定行列之位，正縱横之方，察名與實相稱與否也。○源云：等，齊也，比也。道義，忠信是也。忠，忠於君。信，信於衆也。戰陳之間，不過此二者而已。人固有高下大小，忠信道義則無異也，故當齊之。如一百人爲卒，五人爲伍，大衆相聚，故當立其卒伍以辨之。卒伍既立，又當定其行列以布之，正東西縱横之道以約之，若尉繚子所謂「百有二十步立一府柱」是也。名實，猶言才名行實也。

人固有名過其實者，譬如本無材勇而任材勇之力，本無智謀而居智謀之佐，正若李元平爲將，敢發大言，後果爲李希烈所擒，此所以當察其實而用之也。一説：等，齊一也。道即聖人治平之正道。義即人臣忠孝之大義。古之用兵，必以道義爲本，故以有道伐無道，以大義誅不義，得之者王，失之者亡，此先王之戎政也。今言等道義者，蓋欲使三軍齊一也，人人皆知此理，而不敢違背也。百人爲卒，五人爲伍，相次爲行，相並爲列，東西曰縱，南北曰横，皆布列營陣之法也。名實，才名行實也。人固有虚名而無實者，有泥古法而不知機變者，有恃武勇而無謀略者，有矜己能而不納人言者，此所以士無全才，必當察其名實而用之。〇朱云：百人爲卒，五人爲伍，立之使不紊越行列，定之使不移易縱横陣法也，正之使其整齊也。名當與實稱，察之辨其功能，不使假冒也。

〔二〕施云：立者進，則使之俯其身；坐者進，則使之跪其足，此教戰之法也。且大司馬四時之教，有坐作、進退之節，士之所習者素矣，今而用之，又孰有犯其節哉？夫用兵之法，不欲煩人，而常從其便。因其立而進也，故使之俯倒俛首而前，無桀傲之患；因其坐而進也，故使之跪而膝行而前，無紛亂之失，皆因其自然之勢而使之，示人無過煩也。使立而進者必跪，坐而進者必俯，無乃大勞乎？使人之法，必不若是之煩也。〇寅云：立而進者，當俯其身；坐而進者，當跪其足。〇源云：俯，低首也。坐，亦跪也。凡與敵交戰，立而進者，則低首而不仰視；坐而進者，則坐下而待敵至。○朱云：立而進者，當俯其身；坐而進者，當跪其足，乃下敬上之禮也。○震案：此既從戰陣之便，亦與軍禮有關，二者兼有之。

〔三〕施云：心有所懼，則必有以親之；勢有未寧，則必有以安之。夫人之所以驚畏而無所喜色者，是其心有所懼也。吾欲使之相親密，則伍采彌縫，更相救援，左右得以相親，前後得以相及，此畏則密也。匈奴數萬騎圍廣，是軍士皆恐而無人色，可謂畏矣。廣爲圓陳外向，軍士乃安，非密之之意乎？人之所以危患而不安處者，是勢有未寧也。吾則使之安坐，安坐則安然止息，各守其心，無喧嘩之失，無紛擾之患，此危則坐也。長社之軍夜驚亂，一軍盡擾，可謂危矣。張遼謂左右勿動，令軍中安坐，豈非坐之之意乎？○寅云：有畏則密其陳而待之，見危則坐而候之。坐，蹲坐也，蹲坐則易奮起也。○朱云：畏，懼敵也。危，有危難之時也。○震案：「密」，直解作「察」，疑誤。

〔四〕施云：用兵之法，莫先乎有謀。謀於其先，則備之必早。事至而後謀，吾知其無備也。是以敵人遠來，勢孤形小，吾則視之，如憑軾而望齊師，登埤而望晉軍，將以謀之於先，而早爲之備也。有備者無患，軍士何從而畏哉？若邇而相近，形成勢立，吾則勿視，以固其心，如亞夫堅壁不動，孔明開門卻灑，其謀有素，而彼已墮吾術中矣。以静待動，軍士何自而散哉？或視或不視，亦以愚士卒耳目，而使之無知之術也。○寅云：此二句疑有誤字，不敢强解。○源云：低首而進，則遠視敵人而不畏；坐而相待，則近視敵人而不散。此明御衆進戰之法也。○朱云：敵在遠，先瞭視之，情形在目，則可以不畏；敵在邇，勿令覘視，專意進戰，可以不散。邇，近也。勿視，猶無敵於前也。○震案：「邇」下，直解無「者」字，疑脱。「勿視」下，集解有「之」字。

〔五〕寅云：凡卒伍之位，使在下之人分左分右，孫子教女兵分左右隊是也；又使在下之人皆被甲而坐，若春秋左氏傳「裹糧坐甲」是也；誓戒既畢，使徐徐而行，若四步、五步、六步、七步「乃止齊焉」是也。○黄云：兵事尚右，故甲位以左爲下；右位爲尊，故帶甲者者居右之下；坐而誓戒，行必徐緩。○震案：位、左右之義，兹録寅、黄權作備考，據寅説當讀爲「位下左右，下甲坐，誓徐行之」，據黄説則當讀爲「位下左，右下甲，坐誓徐行之」，恐皆未確，宜以施説爲長，詳下。「誓」，武備志作「視」，疑誤。

〔六〕寅云：凡卒伍之位逮徒步者皆甲，然後籌以輕重之權，振起騎兵，使步之甲者皆譟呼之，陳而待之。○朱云：逮，及也。徒甲，徒步者皆甲。籌度輕重而定其位，振起騎兵，使步之甲者皆譟呼之。徒曰有長懼之心，則亦密陣而待之。○曹云：「譟」，武備志作「噪」，下同。○震案：振馬，使馬躍起前蹄而嘶鳴。「譟」，集解惟此處作「噪」，武備志下皆作「噪」。

〔七〕寅云：跪而坐，坐而伏，膝行則寬以誓之。寬謂不狹迫。此節亦有闕文誤字。○源云：疑有闕文，未詳其義。或曰：坐伏則勝者，蓋兵無伏則不勝。兵之所伏，必當坐而潛藏，深秘其形，不可輕動，待敵入吾伏中，然後應號而起；不可纔見其兵，遽然奮擊，以致驚亂。此其所以行而寬誓之也。一說：伏待敵人，既受吾制，固當大呼鼓譟而進，然或敵人預知我謀，設計而進，則不可窮兵深入，恐反受其制也。敵或已入吾伏，而輜重器械未曾委棄，其衆所處又得高阜之地，必欲與我死戰，又當緩之，俟其釋解兵甲乞降將散，然後因勢取勝。苟不顧利害，大肆兵威，奮勇而進，天道好生惡殺，未必無反敗之道。此所以用鐸止之也。○朱云：軍中跪而坐，坐而伏之，禮皆用膝以行，而誓戒士卒，又必寬舒而不急迫。○震案：「伏」，武備志作「服」。「則」，張校作「之」。「膝」，集解作「勝」，疑誤。上既言「徒甲畏亦密之」，「密之」，則須跪而坐，坐而伏，以膝行。膝行而寬誓之，即上文所謂「誓徐行之」。

〔八〕寅云：譟呼而起，鼓之而進，欲往則以鐸止之。○源云：三軍起行讙譟，聞鼓而進不止者，則以鐸止之。○朱云：起，兵將四起也，則譟呼鳴鼓而進之，欲止則以鳴鐸爲節止之。

〔九〕寅云：枚如箸，銜於口，有劃結頂中，以止語也，謂夜欲襲敵則銜枚而誓。糗，乾糧也。若食糗糧，則令小坐，膝行而推之。此句上下亦有闕文。○源云：誓糗，誓裹乾粉糧糗，蓐食也。○震案：誓，説文言部「約束也」。糗，廣韻有韻「去久切」，今普通話讀作「丘」之上聲。誓糗，裹帶軍糧，無令不得擅自食用。又孫詒讓札迻卷十疑「糗」當爲「具」，「誓具」，謂戒其具備也，「具」誤爲「臭」，校者不達，又益「米」作「糗」，未詳確否。「糗」下，集解無「坐」字，疑脱。推，推進。

〔一〇〕寅云：執戮敵人，禁勿迴顧，當譟呼以先之。○源云：執戮，執殺退陣怯戰之人。禁顧，禁約内顧沮衆之士。然當以身先士卒，則能執戮禁顧矣。又曰：身先士卒，在偏裨前鋒之將則可，若居主將之位，而以身先之，萬一事有蹉跌，則中營旌鼓委之於何人？要在不言飢渴，與之安、與之危可也。○朱云：執戮，執殺有罪也。○震案：「譟」，彙解此處同武備志作「噪」。

〔一一〕施云：有以安其心，則人必不懼；有以作其氣，則無不勇。跪坐伏止，示以顔色，告以誓言，皆所以安其心也。振馬鼓譟，所以作其氣也。心既安，則見事不惑，又何懼焉？氣既作，則望敵而進，無不勇焉。善將者，當危患之時，人人有畏懼之色，其心必不安，而其氣必奪矣，吾則使之坐跪伏止焉，所以安慰而鎮静之也。位，大將軍居中正位也。左右，偏裨之將也。甲者，甲士也。大將既下車，左右下車，甲士皆坐，然後徐行而誓之，使之安其心而無畏耳。人見其誓之既徐下，而且坐必無懼矣。自大將而下至於徒甲，徒甲士之三人，車中之七十二人，人是人也，等計其輕重之兵而用之。蓋兵以重守，而以輕戰，以此兵備戰守，而釋危懼也。或曰等其輕重之勢，人心稍安矣。又恐其氣之未作也，故又振而起其馬，喝而噪其徒甲，以觀其勇之如何。若猶畏也，則又密之，以安其心焉，法曰「畏則密」是也。夫既密是人之心猶未甚安也，吾所以撫之者，又當致其至，故使之始而跪者今則坐，始而坐者今則伏。膝行而前，遲遲其行也。寬而誓，恤其心也。夫既坐而伏矣，所以誓之者，必膝行也。撫之如是其至者，使之安其心，不爲事所懼也。既誓矣，又且起之，或鼓或噪而進，所以齊其氣也；又以金鐸止之，所以寧其心也，周禮曰「三鼓振鐸」「車徒皆作」，「三鼓摝鐸」「車徒皆坐」，是亦進止之也。彼既知其進止而無懼矣，又使之銜枚誓糗。枚如筯，以繩繫於頸，所以止喧嘩也。糗糧，所以爲食也。禮曰「軍旅含枚而進」，書曰「峙乃糗糧」。使之含枚，則以静而待譁；誓以糗糧，則以飽而待飢也。又坐而膝行，以序推之，所以勉其進戰也。三令五申，亦云至矣。向有懼心，今則有鬬心；向有危心，今則有勝心；宜其無犯令而就戮矣，無退志而回顧者矣。今三軍若有可戮，則姑惟執之而未戮；有顧心，則必禁之使無顧，凡所以寬之也。夫如是，則人惟上之從，然鼓噪以先之，使勇怯並進，强弱如一，斯可矣。前既已執戮禁顧，躁而先之，似可用矣，今而三軍猶有懼心，其畏尤甚焉，詎可專尚威猛，以殺戮爲哉？必無行殺戮，而和顏温辭以諭之。法曰「假之以色」，則示以顏色者，以悦其心，以平其志，以釋其危懼也。法曰「道之以辭」，則告之以所生者，誘之以封侯，諭之以報國，誓之以必死也。又且巡而行之，察其所職之事，使車謹其車，徒謹其徒，騎謹其騎，而後可以決勝也。右賢王將四萬騎圍李廣，廣使其子直貫胡陣，還曰「胡虜易與耳」，軍士乃安，廣意自如，而益治軍，軍中服其勇，率走賢王。吴漢每戰不利，諸將皇恐失其常度，漢乃意氣自若，方整厲器械，激揚士吏，卒破蘇建。是皆循省其職也。○寅云：所執之人若畏懼太甚，則勿戮殺。示之以顔色，寬之也；告之以所生之道，活之也；循省其所守之職，任之也。○源云：若三軍畏懼太甚，將有崩潰之勢，則當收令勿殺，示之以和顔悦色，告以所生之理，使循省其職，勿用驚怖。○黄云：此言嚴整、行伍、坐作、進退之法。首致意於道義之人，末歸告之以所生之意，蓋惟用道義之人，而後可以生天下之民，以見聖人不得已用兵之意，甚無貴乎殘民以逞也。○朱云：若所執之人情有可赦，彼畏懼太甚，是我之法行也，則勿純用殺戮，寬假以顔色，告之以所生之路，使其將功折罪，激勵之以盡職焉。循，守也。省，令之思省悔過也。○雲案：「若」下，武甯志脱「畏」字。循省其職，猶言留職察看。

凡三軍，人戒分日，人禁不息，不可以分食，方其疑惑，可師可服〔一〕。

〔一〕施云：治兵必有令，行令必有時，此軍之常法也。況三軍方當危懼之時，其所以令之者，以常法行之，無乃持久乎？故三軍之戒，無過三日者，常也；久而戒三軍，則無過分日矣。分日者，日之半也。一卒之警，無過分日者，常也；今而戒禁其人，則無過不息焉。不息者，半息也。凡此皆欲速申其令以治兵也。惟其人在危疑、危惑之中，而後乃使之服也。蓋「兵之情，圍則禦，不得已則鬬，過則從」，苟未疑惑其師，而服之者，亦難其人。然「令素行以教其民，則民服」，服於平居無事之日，士卒之心未嘗不從所令也，今於危惑之中，何以言其可師服哉？蓋兵士甚陷則不懼故也。是以井陘之役，背水之陣，韓信可以使士殊死戰；長社之役，一軍盡擾，張遼可以使之左右勿動者，皆此之謂也。○寅云：凡行三軍，一人之戒，不過分日，一人之禁，不過一息，不可以分食。此句上下亦有闕文。敵方疑惑之時，則可用師而服之。○源云：凡三軍交戰，其戒不過嚴於分令之日。今已決戰，而其禁令行之不息，則軍士驚惶，亦不暇分食矣。○黄云：此言戒誓服敵之道。衆人誓戒，在於一日之分，即半日也。誓軍欲速，使不洩漏，不違怠耳。若禁猶未息，不可分食，恐滋亂也。敵方疑惑之時，可用師以服之，蓋乘人之疑，而不欲爲敵所乘也。○朱云：人戒，與衆人誓戒也。分日，謂一日之分，即半日也。一則恐其遲而漏洩，一則恐其久而違怠也。若禁人之事，戒飭已申而猶未息，不可分食，恐滋亂也。敵方在疑惑之際，可用師以服之。○震案：此言三軍進入戰備狀態，半日内頒令誓戒，半息間即行戒嚴，未暇分餐就食，兵士尚在疑惑之中，即速出兵制敵。

凡戰，以力久，以氣勝〔一〕；以固久，以危勝〔二〕；本心固，新氣勝〔三〕；以甲固，以兵勝〔四〕。凡車以密固，徒以坐固〔五〕，甲以重固，兵以輕勝〔六〕。

〔一〕古注云：有力者，任重則可久，可久即可息。○施云：孫子曰「以近敵待遠，以佚待勞，以飽待飢，此治力者也」；「避其鋭氣，擊其惰歸，此治氣者也」。夫戰之法，力不全不可以持久，氣不勇不可以勝敵，故養其力以守可以久，作其氣以攻而攻無不勝。王翦堅壁不戰，休士洗沐久之，軍中投石超距，卒破荊軍；曹劌一鼓作氣，彼竭我盈，卒克齊師。内有未堅，則不可以持久也；有所苟安，則不足以決勝。○寅云：凡戰之道，以力持久，以氣制勝。力者，佚飽是也。氣者，「朝氣鋭」、「一鼓作氣」是也。○曹云：孫子軍爭篇「故三軍可奪氣」，杜牧注引作「戰以力久，以氣勝」。○震案：御覽卷三一二引自此以下至「以輕勝」及古注。

〔二〕古注云：營壘、次舍、器械具備，行陣堅守，可以久也，乘危乃以死易生，戰攻之心定矣。○施云：古人用兵，行必立戰陣，止必堅營壁，其爲固可久也；「圍地則謀，死地則戰」，爲其危之可以勝也。亞夫堅壁固壘，而卒挫吴、楚，以固久也；韓信背水而陣，而卒擒陳餘，以危勝也。前言「危則密」，此言「以危勝」者，前言人心之危也，此言地勢之危也，故不同。○寅云：兵以固則能久，以危則能勝。固者，下文「車以密固，徒以坐固，甲以重固」是也。危者，上文「譟鼓而進」、孫子所謂「其勢險，其節短」是也。○源云：何謂力？凡糧運充積，車馬堅良，士卒衆多，兵器鋒利，皆力也。何謂固？主將有謀，堅思持重，師行有紀，士卒用命，兵不浪戰，利不小争，皆固也。用兵以强力爲本，然非養其鋭氣，鼓其怒氣，則不能以取勝，若王翦日休士洗沐，善飲食撫循之，韋孝寬不顧其姪，士卒感動，皆有死難之心之類是也。何謂危？戰陣以固堅爲主，然非出於危道，從於危策，則亦不能以取勝，若韓信之背水陣，鄧艾之緣崖魚貫而進，李愬之雪夜入蔡州之類是也。

〔三〕古注云：無畏疑，心本堅固，養而不勞，故能制勝。○施云：心有所生，則在我者不可犯；氣有所作，則在敵者斯可敗。遇敵而懼，人之常也，今士卒之心有所生矣，雖大敵在前，而晏然不動，則可以固而不可犯矣；久而必惰，人之常也，惟士卒之氣，振而不弊，則雖百戰之餘，而其氣益鋭，則可以勝而不可敗矣。張巡之守睢陽也，力戰而人無叛之心，非本心固乎？王伯之破蘇建也，閉營而軍士斷髮請戰，非新氣勝乎？○寅云：能守人之本心則固，能振作兵之新氣則勝。○源云：與敵相持，誠以本心密靜爲固，然亦當以新氣爲勝。新氣者，閉營以養士氣，若王霸軍中壯士，斷髮請戰是也。又曰：氣何以曰新？蓋作之則新，不作則餒矣。又曰：作氣之法有二，有鋭氣，有奮氣，鋭氣出於休養之間，奮氣生於感激之際。故世平之將，必以鋭氣而成功；離亂之臣，必以奮忠而濟難。此士氣之所以分，忠勇之所以立，而爲將者不可以不知也。○朱云：新氣，士卒朝鋭之氣也。能振人之新氣則可致勝。○曹云：軍争篇「將軍可奪心」，何氏注引同。又此治心者也，杜牧注：「司馬法曰『本心固』，言料敵制勝，本心已定，但當調治之，使安静堅固，不爲事撓，不爲利惑。」

〔四〕古注云：甲以衛刀矢，兵以斬獲敵，甲堅則固，兵利則勝也。○施云：内必有以衛其身，則人不可得而犯；外有以制其敵，則人不可得而敗。甲者，衛身之具也；兵者，制敵之器也。楚人衷甲，知所以固也；衛人受甲不戰，何以爲固乎？陳湯料胡兵不當漢兵，知所以勝也；蕭俛銷兵，何以爲固乎？○寅云：士衆以甲冑爲固，軍旅以兵刃制勝。○源云：衣甲堅厚者，則可以固身；刀兵鋒利者，則可以取勝。此皆進戰之法也。

〔五〕古注云：車卒衆則密陣，步卒衆則坐陣。○施云：物各有用，用各有宜。車之爲用，疏則不合，必有隙可投、有間可乘矣，故以密固。鄭人魚麗，先偏後伍，伍乘彌縫，則以密爲固者，左右得以救援也。徒之爲用，散則不聚，其作止必不齊，行列必不定，故以坐固。張遼令左右勿動，軍中皆坐，則以坐爲固，其心無有不安也。○寅云：凡車，以密則固。密者，陳不欲疏也。徒以能坐則固，坐，小坐也，小坐則有勃然騰躍之勢，如鳥之將擊，必斂其翅，獸之將搏，必伏其身，故徒以能坐爲固也。○源云：車，古者之兵車也。兵車一乘，甲士三人，步卒七十二人，戰則以此車居先，古可用而今不可用。所可用者，惟晉馬隆之偏箱車，唐馬燧之狻猊車，行以載兵，止則爲陣，後之戰車，惟此可用，故周禮曰：「險野人爲主，易野車爲主。」徒，步卒也。坐，即「危則坐」之「坐」。○曹云：御覽「固」作「勝」。

〔六〕古注云：車步兼也，以重卒持堅，以輕卒攻取，故勝也。○施云：甲之爲用，輕則難以自庇；兵之爲用，重則難以擊刺。周禮「函人爲甲，犀甲七屬，兕甲六屬，合甲五屬」，舉而眡之，欲其豐也，則甲之厚重豈不固乎？廬人爲兵，守國之兵短，攻國之兵長，擊兵欲强，舉圍欲細，則兵之輕者豈不勝乎？○寅云：甲以重爲固，重者，堅重也。兵以輕制勝，輕者，便利也。○源云：甲，鎧甲也。兵，弓、矢、殳、矛、戈、戟也。重，堅厚也。輕，鋒利也。蓋車密則難犯，徒坐則不散，甲厚則心安，兵輕則鋒利也。○黄云：此言固勝之道，而并及車徒甲兵之用。人力飽佚，乃可持久；士氣振作，乃可戰勝。陳勢堅固，則難陷而可久；置之危地，則決戰而可勝。本之人心新順則可固，士卒而用氣鋭則可勝。甲胄所以自固，兵器所以取勝。車陳密布則固，徒卒常令蹲坐，則有勃然騰躍之勢而固。甲以堅重固，兵以輕利勝，然必本之人心而順，則氣力自鋭，而甲兵可無失其重輕之用矣。○朱云：重者，甲尚厚重也。輕者，兵器當輕便鋒利也。○張云：御覽「甲」字作「兼」，無「兵」字。

人有勝心，惟敵之視〔一〕。人有畏心，惟畏之視〔二〕。兩心交定，兩利若一〔三〕。兩爲之職，惟權視之〔四〕。

〔一〕古注云：士卒勇鋭，進退、前後、離合、左右，見勝利之形，唯敵所在，輒得其便也。○寅云：人有制勝之心，惟視敵之虚實如何，敵虚然後勝可爲也。○源云：人有取勝之心，則一心求戰，而惟敵是視矣。○張云：御覽卷二百七十「人」作「民」，「勝」作「勇」。○震案：御覽卷二七〇引自此以下至「惟權視之」（御覽作「惟權之視」）及古注。「惟」，御覽、張校立作「唯」。

〔二〕古注云：士卒恐懼，各有嫌疑，不求便利，懷其北心，當安隱教道，開示勝形，以服習之。○施云：事之在人，其勢未嘗兩立，將之治兵，未嘗失之偏勝。故勝敵之心既重，其所見者，惟敵之視，爲其心之常務勝之也；畏敵之心重，其所見者，惟畏之視，爲其心之常畏彼也。

畏之者，必無勝心；勝之者，必無畏心。是事之在人，其勢未嘗兩立也。○寅云：人有畏懼之心，惟視其畏之何如，若畏將甚於敵者勝，畏敵甚於將者敗。○源云：人有畏敵之心，則一心懼敵，亦而惟懼是視矣。○張云：御覽「人」作「民」。○震案：「惟畏」，御覽引作「唯北」，張校作「惟比」。

〔三〕古注云：兩軍相當，兵相支持，各求便利共事，一勝之勢，在兩軍間有道者得之也。○施云：吾於此有術以一之，常不失之偏勝焉。故士之心務在勝彼，勝心既過，則必易敵而妄進；士之心常若畏彼，畏心既過，則必致力而死戰。是心也，合而一之，然後可用焉。故有勝之心，必濟之以畏；有畏之心，必濟之以勝，交兩心而定之，斯可矣。勝心既重，宜有利也，而利中常有易敵之害；畏心既重，宜有害也，而害中常有備敵之利。吾於兩者，取其利而一之。故勝心既重雖利也，必使之知利中之害，而成其利；畏敵之心雖害也，必使之知害中之利，而就其利，兩者咸歸於一，何往而非利哉？○寅云：勝心與畏心，兩心交定，則兩利若一矣。○源云：兩心交定者，言彼此之心，各有所算，而兩交定也。兩利若一，言彼之利在何處，我之利亦在何處，使彼此之利，明見如一，而不可失也。○朱云：既有勝敵之心，又有畏將之心，則兩心皆定矣。勝心、畏心皆可取利若一途。○張云：御覽「定」作「支」，觀注當作「支」。

〔四〕古注云：謂知己知彼，稱輕重，量多少，度進退，知彼己虚實之所在也。○施云：職，事也。交之以兩心，一之以兩利，是能兩爲之職也。有勝心，必使之爲畏敵之事；有畏心，必使之爲勝敵之事。蓋在人既有勝畏之心，在我當審輕重之宜，使三軍之士，其於畏勝也，無低昂之失，審輕重之偏，常交定而若一焉，此其所以勝也。李廣之軍，右賢王以四萬騎圍之，其子直貫陣，還曰「胡虜易與耳」，是勝心重也；而士無人色，蓋治器械，是畏心重也。李廣能使人無輕重之分，此所以虜不敢犯。○寅云：勝心、畏心，凡兩爲之，主惟以權變視之。○源云：兩爲之職，言彼何人可以當吾某將，何人不足以當吾某將，使彼此相當，皆非吾敵，然後以權謀觀之，用圖進取之計。此即孫子所謂「知彼知己，百戰不殆」之意也。○黄云：此言主將當得衆士勝敵、畏將之兩心，而妙其權。人欲勝敵，當視敵虚實；有畏，當視畏何人，畏將者勝，畏敵者敗。既有勝敵之心，又有畏將之心，則兩心皆定，皆可取利益若一途矣。軍中惟兩心爲之主，又當視主將之機權若何耳，使轉其畏將者而爲畏敵，則可勝又未必在敵矣。○朱云：軍中惟以此兩者爲之職主，又當用權變以視之，視其所勝所畏之何如耳。○震案：「視之」，御覽、張校並作「之視」。

凡戰，以輕行輕則危〔一〕**，以重行重則無功**〔二〕**，以輕行重則敗，以重行輕則**

戰〔三〕，故戰相爲輕重〔四〕。舍謹甲兵，行慎行列，戰謹進止〔五〕。

〔一〕古注云：輕兵高林疾足，能追奔逐北，翼助進退，當須步曲什伍爲卒，節度行止。輕兵，無輕重，故危之。○寅云：輕重二字不止於一謂。凡與人戰，以輕兵行輕地，則危殆而不安。入人之地不深者爲輕地，輕地則無止，輕兵行輕地，所以危也。○源云：凡步騎不兼，兵器不利，資糧不多，謀策不長，倍道兼行，越險而進，輕信請和，皆謂輕也。以輕行輕者，若李陵恃荊楚劍客之勇，而橫行沙漠之類是也。○張云：御覽無「則」字，下同。○震案：御覽卷二七〇引自此以下至「相爲輕重」及古注。

〔二〕古注云：重兵持堅固守，什伍不得進退，不得能利，故無功也。○寅云：以重兵行重地，則無功。入人之地深，背城邑多者爲重地，重地則掠，重兵行重地，所以無功也。○源云：將出畸數，兵出市民，圍壘重營，糧車塞略，遲疑而緩，下吉而行，矜尚虛名，泥習車戰，頓兵救患，千里襲人，皆所謂重也。以重行重者，若先主連營六十里、秦符堅竭國遠征之類是也。

〔三〕寅云：以輕兵行重地，則致敗，如龐涓棄其步兵，率輕鋭倍日并行，深入重地，敗於馬陵是也。以重兵行輕地，則務戰，如司馬宣王伐遼東公孫文懿，阻水相拒，宣王領兵直趨襄平，文懿出兵邀之，宣王三戰三捷是也。○源云：以輕行重者，當以重兵進取，乃以輕兵挑之，此所以力不能敵而取敗也。以重行輕者，當以輕兵而入，乃以重兵取之，此所以猝遇敵人而受戰也。○張云：此二語御覽引無。

〔四〕古注云：重兵主持堅固守，輕兵主追兵取利，相爲用也。○施云：戰之所以勝者，常在乎兵；兵之所以用者，必得其宜。苟用兵而不得其宜，則宜重而輕，宜輕而重，將何以爲戰勝之術哉？然則兵之爲用，輕則利於攻，重則利於守，相須而並行之，其可也。苟一於輕，攻可也，守不可也；一於重，守可也，戰不可也。然則守而用重，攻而用輕，兵之所以利也。設或守之以輕，行之亦以輕，則輕進無援，未有不危者也；守之以重，行之亦以重，則失利後期，亦不足以取勝，所謂「其法十一而至」也。輕固不可獨用也，重亦不可獨用也，兼而用之，亦不可無術焉。故守以輕，行以重，則守者不固，行者不利，未有不敗也；惟其守之以重，則守必固，行之以輕，則戰必利，然後可以盡戰之道，是故戰者相爲輕重也。輕無重不可，故輕賴重以爲援；重無輕不可，故重賴輕以前達，兩者常相須而並用也。此戰之道也。法曰「籌以輕重」，此也。○寅云：故戰道須要相爲輕重可也。○黄云：此言行兵當適輕重之宜。入人之地不深爲輕，兵法「輕地無止」，以輕兵行輕地，故危；入人之地深爲重，兵重則食不繼，故無功。以輕兵行重地敗於輕率，如龐涓率輕鋭，倍日并行，敗於馬陵是也；以重兵行輕地利於速戰，如司馬懿伐遼東，直趨襄平，三戰三捷是也。故戰之道，當使兵之輕重與地之輕重相參爲用。爲主將者，不可不知。○朱云：以輕之輕以兵言，剽疾輕鋭爲輕兵；行輕之輕以地言，入人之地不深爲輕地。危者，危殆不安也，所謂輕地則無止也。以重之重以兵言，謹持嚴重爲重兵；行重之重以地言，入人之地深爲重地。無功，謂恐糧食不繼，所以無功也。○張云：御覽「故」字作「凡」。

〔五〕施云：善用兵之將，必明乎用之之序；知用兵之序，必審其戒之之術。兵必有舍，舍而後行，行而後戰，序也。舍所謹者甲兵，行所謹者行列，戰所謹者進止，此戒也。始而舍之，必當自固，亦慮其有棄甲曳兵者，故謹甲兵。法曰「右兵，弓矢禦，殳矛守，戈戟助」，此綿上治兵者所以伯也。及其行之，必當自治，亦慮其有亂行失次者，故謹行列。法曰「不失行列之正」，此行必立戰陣者所以勝也。迨其戰也，尤貴其節，蓋兵不可以無節，節不可以不嚴，則失進止之序矣。法曰「無犯進止之節」，此教坐作進退之節者，所以爲至治之世也。可不知所戒者哉？○寅云：舍止要謹兵甲，謹兵甲，防敵人之襲也。軍行要慎行列，慎行列，慮敵之遇也。與人戰要謹進止，謹進止，恐敵之乘也。兵甲不謹，被敵襲之，則無所禦；行列不慎，卒遇敵人，必至於亂；進止不謹，敵來乘我，必至於敗。○源云：故善戰者，動則相爲輕重，居則謹其甲兵，行則慎其行列，戰則謹其進止。此所以無輕重之失也。○黄云：此言行止作戰之法。舍止備兵甲，所以防掩襲也，宋師以不戒而獲於鄭（鉏、樂退舍夫渠，不設備，爲鄭所獲）；軍行慎行列，所以防卒遇也，屈瑕以亂次而敗於羅（瑕伐羅，師至鄢，亂次以濟，爲羅所敗）；臨戰謹至止，所以防敵乘也，蔡、衛、陳之不整，而無救於周（桓王伐鄭，鄭子元請爲左拒，以當蔡、衛，爲右拒以當陳人，戰於繻葛，旝動而鼓，蔡、衛、陳皆奔）。然則行軍始終當無忘一戒慎而已。〇朱云：舍，止息也。〇震案：「甲兵」，直解、開宗、武備志、彙解、曹校俱作「兵甲」。「慎」原訛作「陣」，講義、直解、集解、開宗、武備志、彙解、張校、曹校皆作「慎」，當是，遂據正。

凡戰，敬則慊，率則服〔一〕。上煩輕，上暇重；奏鼓輕，舒鼓重；服膚輕，服美重〔二〕。

〔一〕施云：敬事下人者，人無不從；以己奪人者，衆焉有服。楚莫敖舉趾高，其心不固，爲鄭人所敗；鄧士載謂諸軍賴某有今日，爲識者笑。是不能敬而慊，以是率人，其誰服哉？然則爲將者既無易人之心，則處己者常有不足之態，戰戰兢兢，如臨深淵，如履薄冰，其於一事之直，常若不能者，是敬而後能慊也。夫既無易人之心矣，則人亦無易於我，故以此率下，人將心悅而誠服矣。光武曰「每發一兵，鬚髮盡白」，能敬而慊也。當時之人，有推赤心、置人腹之美，降者日以千數，昆陽之戰，一舉兵而人無不前，職此之由也。○寅云：凡與人戰，能敬其事則心慊。慊，快足也。能以身率下，則衆心服。○源云：慊，愜也，快也。率，率先也。言主將凡事以敬爲主，則能快愜衆心；凡事率先而行，則能使人悦服。○朱云：敬者，主一無適之謂。○震案：慊，集韻帖韻「詰叶切」，今普通話讀作「妾」。

〔二〕施云：民何能爲哉？視上之教如何耳。上教人而失之煩勞，則人見其上之煩也，故輕進而無功；上教人而得於寬暇，則人見其暇也，故持重而有功。輕重之勢，煩暇之所致也。民焉能戰哉？以鼓而爲戰也。疾鼓而奏之，則聞其聲者，皆有輕重之心；寬鼓而舒之，則聞其聲者，未必無持重之心。一輕一重，非人之所能爲也，由鼓聲而然也。州吁擊鼓其鏜，其兵所以不戢而自焚也。或曰：奏，輕也；舒，重也；民心無常，唯上之所使如何耳。且甲兵之外有戎衣，衣有厚薄，則戰有輕重。衣而膚薄，則見其參於前者，皆輕進而不能持重；衣而美厚，則見其參於前者，皆持重而不輕，或輕或重，以衣之厚薄使然也。衣之偏衣者，又何以爲戰哉？○寅云：在上者令煩，則人輕；在上者令暇，則人重。奏鼓，欲其輕也。奏，奔奏也。輕，疾速也。鼓輕則人趨戰。舒鼓，欲其重也。舒，緩攻也。重，遲重也。鼓重則進止易膚淺也。服色淺薄則人輕，服色鮮美則人重。○源云：主將威令過於頻煩，亦謂之輕，若諸葛亮罰二十以上皆親覽之是也。主將威令過於閑暇，則謂之重，若李廣舍止不擊刀斗，幕府省文書是也。奏，疾也，急也。舒，緩也，徐也。凡兵以鼓進，鼓聲太急，則失之於輕；太舒緩，則失之於重。服，戎服也。膚，如肌膚之淺薄也。凡戎服之製淺薄，則失之於輕；戎服之製華美，則失之於重。○黄云：此言敬事率下，而并及輕重之宜。能敬其事則心快足，正身率下則衆服；上煩擾則兵勢輕弱，上閑暇則兵勢堅重；疾行則鼓聲以輕，徐行則鼓聲以重；服色膚淺則軍容輕，服色鮮美則軍容重。操一敬以爲率下之本，則自能暇豫而不病煩擾矣。○朱云：煩者，在上政令煩擾，則人慢而兵勢輕弱。奏，奔走疾速也。鼓聲欲其輕，輕則趨戰疾。舒，安重遲緩也。鼓聲欲其重，重則進止徐。膚，淺色也。服色淺薄則人輕，服色鮮美則人重。

凡馬車堅，甲兵利，輕乃重〔一〕。

〔一〕施云：陳湯有言曰：「胡兵五不能當漢兵一。」夫以五敵一，誰重誰輕？湯且以爲不能當者，何哉？輕乃重也。古者以重行輕則戰，以輕行重則敗，是甲兵者，雖若甚輕，而有重兵之功也。蓋兵之戰也，必資乎物；物之用也，必有其術故。馬車，馳車也。甲兵，甲士所持之兵也。馬車將以突敵，堅則不可破矣，此我馬既同，宣王之所以攘玁狁也；甲兵將以殺敵，利則不可犯，此「敹乃甲胄」，「鍛乃戈矛」，魯侯之所以平淮夷也。作戰之物，既堅且利，雖曰輕而行之，其實有重兵之功矣。法曰「車堅馬良，將勇兵强」，猶知其不占而不與之戰，況此乎？○寅云：凡馬車堅壯，甲兵犀利，輕兵乃可以行重地也。○源云：凡車馬堅良，甲兵鋒利，所謂輕重得宜也。○黄云：此謹馬車、甲兵之用，言能堅良、輕利，則雖以輕兵行重地可矣。○朱云：堅牢固謂良也，則雖輕兵亦可以行重地。

上同無獲〔一〕，**上專多死**〔二〕，**上生多疑**〔三〕，**上死不勝**〔四〕。

〔一〕古注云：將智與衆同等，不能自用，又不能用人，隨衆取同，故無功也。○施云：傳曰「治天下者審所上」，則上之爲言，非上下之上，乃崇尚之上也。且成大功者，不謀於衆，則謀貴乎獨也。所尚在於同，則無斷也，以是而戰，將何所得哉？然法曰「上下同欲者勝」，此言無獲者，蓋同欲則心一，故勝；上同則十羊九牧，故無獲。○源云：主將謀略與衆雷同，而無過人之智，故戰無所獲之利也。○震案：御覽卷二七二引自此以下至「死利」及古注。

〔二〕古注云：將無明智，恥求賢問智，自專事，爲衆所弊，故戰多死也。○施云：且專欲難成，則爲將貴乎從衆也。所上在於專，是建衆也，以是而戰，安得而不死？然法曰「國以專勝」，此乃言多死者，國之專，則用將也，故勝；上專則咈人從己，故多死。○源云：主將專於己

見，不用人之良策，即太公所謂「勿以獨見而違衆」，故戰則必敗，所以士卒多死也。○曹
云：御覽「多」作「不」。

〔三〕古注云：將無義心，苟求全免害避難，則士多疑者也。○施云：法曰「必生可虜」，則怯而
貪生，無必死之心，安得而無疑？桓玄懼敗，漾輕舸而衆莫有鬬心是也。○源云：主將無
死敵之志，動必求生，所以部下多疑惑也。○曹云：孫子九變篇「必生，可虜也」，何氏注：
「司馬法曰『上生多疑』，疑爲大患也。」○朱云：上持必生之心，則計不能決而多疑阻。生
者，期必於生全，而不致死也。

〔四〕古注云：將無善略，苟以死當敵，故不勝也。○施云：法曰「必死可殺」，則輕而必死，無自
生之路，安能取勝哉？趙括身自搏戰，而取長平之敗是也。○寅云：上指主將而言也。
同，阿比也。專，擅也。生，期必於生全，而不致死也。死，期必於致死，而不愛生也。將有
阿比之私，必不公，故不得衆人之心。將自專擅，必不受諫，故在下之人多得罪而死。將期
必至於生全，則不能果敢於戰，故多疑惑之心。將期必於死，是勇而無謀者，故不能勝敵。
孫子曰：「必死，可殺；必生，可虜。」即此義也。○源云：主將恃勇無謀，惟知死戰，所以
多不勝也，此即孫子「將有五危」之意也。○黃云：此戒上將之偏將阿比而不公，故不得衆
心；將專擅而不受諫，故下多殺戮而死；將持必生之心，則不能力戰而多疑；將持必死之

心，則勇而無謀，故不能勝。兵家每言拼着一死，便足塞責，故司馬氏并發此言以藥之。○曹云：九變篇「必死，可殺也」，何氏注「司馬法『上死不勝』，言貴其謀勝也」，張預注：「司馬法曰『上死不勝』，言將無策略，止能以死先士卒，則不勝也。」

凡人，死愛，死怒，死威，死義，死利〔一〕。凡戰之道，教約人輕死，道約人死正〔二〕。

〔一〕古注云：視下如子，則民生愛；志意激揚，則民怨怒；使民以禮，征伐以義，則民死威；賞賜分明，則民死義；賞爵重，則民死利。○施云：生，人之所欲也；死，人之所不欲也。今三軍之士，舍其所欲，而就其所惡者，非死可爲而生不可爲也，以其好惡畏慕之心有以激之耳。故平日之間，有恩愛以及人，不啻如父兄之愛子弟，是愛者，人之所好也，誰不致戰以報上之愛哉？此吴起爲卒吮疽，其母知其子之必死也。三軍之士，其怒氣既盈，不啻如有不共戴天之讎，是怒者，人心之所共惡也，其誰不致死以雪其怒哉？此田單之軍，怒自十倍，所以復齊城而克燕。法曰「戰勝在乎立威」，故亂行者必戮，干紀者必誅，是威者，人之所畏也，安得不死戰乎？此楊素馭戒嚴整，不能陷陣還者斬之，士卒有必死之心是也。傳曰「舍生而取義」，事得其宜，則寧死而得義之榮，無生而取不義之辱，則義者，人之所慕也，武王以至義伐不義，人安得不同力同德，以殺紂乎？法曰「重賞之下必有死夫」，故進有重賞，孰不争先從命？爲士上賞，孰不遵法？則利者，人之所慕也，度尚之所以使三軍死戰破桂陽者，説之以貨也。○寅云：凡在下之人，感惠愛之深則致死，激而怒之則致死，畏之以威則致死，勸之以義則致死，誘之以利則致死，此所謂死愛、死怒、死威、死義、死利也。○源云：好生而惡死者，人之常情也。然在上者誠能感之以恩，撫之以義，則人視死如歸矣。死愛者，知吴起吮疽而卒死於敵是也；死怒者，若田單令燕軍劓齊降卒是也；死義者，若田横之壯士死於海中是也；死利者，非言玉帛子女，蓋爵禄功賞皆是也，此所以能致其死於利也。五死之理，惟義近於死正，其詳見下文。○曹云：御覽「人」作「民」。

〔二〕施云：所以化天下者約，則人必服其化；所以公天下者約，則人必歸其公。夫令素行以教其民，則民服令。有教以化之，修號令、明賞罰者，省而不煩，簡而有要，則用民於戰，人將陷陣先登，以死爲輕矣。夫道者，令與上同意，可與之死，可與之生，而不畏危。今有道以公之，明之以曲直，諭之以老壯，無繁辭，無劇務，則用民於戰，人將獲其死所，而得其正也。道教不同，而同於約；輕與正不同，而同於死。非能得民心，何以至此？○寅云：凡戰之道，以教令約束之，則人輕於死，輕於死是不愛其死也；以道義約束之，則人死於正，死於正謂「將死鼓，御死轡，百吏死職，士衆死行列」是也。○源云：教，法令也。道，忠義也。言進戰之道，以法令約束三軍，則三軍畏法，而有死敵之志，若李光弼麾旗者三，而諸軍争奮之類是也；以忠義約束將士，則將士感激，而有死難之心，若李晟屯兵渭橋，士皆雪泣從命之類是也。孫子曰：「令發之日，士卒坐者涕沾襟，偃卧者涕交頤。」又曰：「道者，令民與上同意，可與之死，可與之生，而不畏危也。」斯言信有徵矣。○黄云：此言致人死戰之道，而并及輕與正之别。以人情論，凡感之以愛，激之以怒，臨之以威，勸之以義，誘之以利，皆足致人之死，然以教令約束，則人輕死，以道義約束，則人死於正，是在上人善用其機權耳。

凡戰，若勝，若否，若天，若人〔一〕。

〔一〕施云：孫子五事，自「一曰道」至於「五曰法」，其終則曰「知之者勝」；於七計自「主孰有道」至於「賞罰孰明」，其終則曰「吾以此知勝負矣」。然則上而天時，則有陰陽、寒暑、時制也；下而人事，則有主將、法令、士衆也。是戰之爲道，其如勝乎？其如否乎？其如天人乎？必有可知者。如上得天時，下盡人事，則勝矣；如上不得天時，下不得人事，則負矣。然則一勝一負，不卜之他，卜之天人，斯可矣。湯、武順乎天，應乎人，此其所以勝也。若，或曰順也。○寅云：若，順也。凡與人戰，順吾士卒，有制勝之氣，則鬬；順吾士卒，未有制勝之氣，則守；又當順天時、順人事，則戰無不勝也。○源云：此承上文而言。凡與敵戰，有勝有負。勝者，得乎天，得乎人也；負者，失乎天，失乎人也。○黄云：此言作戰當順士氣天人。士卒有制勝之氣，順之使鬬；未有制勝之氣，順之使守。又當順天時、順人心，心一而氣可鼓，天時亦可爲用矣。

凡戰，三軍之戒，無過三日；一卒之警，無過分日；一人之禁，無過皆息〔一〕。

〔一〕施云：人有衆寡，則其令之也有久近。凡戰之法，方治軍之初，必有戒令。三令五申之，欲其詳且悉也；諄諄複複，恐人之不知也。是以戒三軍，則三其日；警一卒，則半其日；禁一人，則不過一息耳。萬二千五百人爲軍，則一軍一日，故三日；百人爲卒，誓之則半日；若夫一人之禁爲易，詎過一息哉？前言「凡三軍，人戒分日；人禁不息，不可以分食」，蓋言當危懼時，而戒欲其速也，此則令軍之常法也。彼子玉治兵，終朝而鞭七人，貫三人耳，豈古法也哉？○寅云：皆息，未詳，或曰猶瞬息也，未知是否。凡欲與人戰，三軍誓戒之命，無過三日之中；一卒警示之言，無過半日之内；一人禁止之令，無過瞬息之間。○源云：三軍之戒，無過三日者，蓋三軍之交戰也，一日定戰期，二日決勝負，三日收衆軍，事乃完矣，後欲再戰，非出旬日，明見可勝之利，則不可舉矣。分日、皆息，乃一人之事，故定而即止。○黄云：此言禁戒貴速。誓戒三軍，預三日之前；誓戒一卒，預半日之内；禁止一人，在瞬息之間。曰無過者，要其速也。○朱云：目開闔謂之瞬，氣呼吸謂之息。○震案：「皆」，開宗、彙解、張校俱作「瞬」。

凡大善用本，其次用末。執略守微，本末唯權，戰也〔一〕。

〔一〕施云：法曰：「古者，以仁爲本、以義治之之謂正，正不獲意則權。」仁義則本也，權變則末也，本在所先，末在所後，此執之以略，守之以微，權其先後而用之，斯可以制勝矣。是以古之明兵道之要者，必知先後之序，而造兵機之妙者，又能適先後而致戰。本在所先，故兵道之大，莫善於用本；末在於後，故其次莫善於用末。執此本末之略，守之以微妙之神，可以用本，則施之以仁義，可以用末，則施之以權變，如此，斯可以戰矣。苟徒知本而不知末，則爲宋襄矣，阻而不鼓，豈能權其本末乎？知末而不知本，則爲晉侯矣，譎而不正，豈能權其本末乎？盡是用者，其唯湯、武乎？天人之心是應，而升陑、盟津之謀是用，非善權者能之乎？○寅云：凡大善者，用本以制勝，本即下文「執略守微」也。其次者，用末以制勝，末謂斬將搴旗也。執，持也。略，謀也。執之以深謀，守之以微妙，此即所謂本也。或用本，或用末，唯以權變，此戰道也。○源云：凡用兵而有大善者，蓋用其本故也。奉天時，順人事，伐叛以仁，懷柔以義，故不事兵革，一舉而天下乃安，所謂用其本也；其次得人心，因地利，治亂以兵，誅逆以武，故力事於戈，一戰而天下亦定，所謂用末也。本末之道，固雖不同，然當其方略，守其微密，以權行之，此所謂本末惟權也。又曰：權，時宜也。當用本則用本，當用末則用末也。守微，即黄石所謂「鮮能守微」是也。又曰：「微密」，當作「微弱」。蓋爲國之道，强大易爲，微弱難守。昔越爲吴所敗，使大夫種行成於吴。既而反國，乃苦身焦思，坐卧嘗膽，身自耕作，夫人自織，與百姓同其勞苦，故二十年一舉遂滅吴。漢王既入漢中，乃燒棧道，絶其所過，示天下無還心，以固項王之意。後定三秦，張良遺項羽書曰：「漢王失職，欲得關中，如約而止，不敢東。」又以齊、趙反書遺羽，使羽北擊齊、趙，故不數年而成帝業。此皆操持方略、守其微弱之道也。○黄云：此言戰道當妙本末之用。用本制勝，此上善也；用末制勝，次也。執之以謀略，守之以微妙，此本圖也；或本或末，隨乎權變，此戰道也。兵固先於謀略，而勇力亦載之以行者，未可忽也。有鷹揚之尚父，則必有虎賁之熊羆，坐收孟津之績也。○朱云：微，深遠不可測度也。權，與時推移，變動不拘也。○震案：「唯」，開宗、武備志、彚解俱作「惟」。

凡勝，三軍一人，勝〔一〕。

〔一〕施云：朱桓曰：「兩軍相對，勝負在將，而不在衆寡。」誠是言，夫致力以決戰者，軍士之所同；運謀以決勝者，良將之所獨。馬陵之戰，萬弩俱發，三軍之力也，度地運謀而勝龐涓，非孫臏而誰？北城之役，諸軍畢集，三軍之力也，麾之使進而禽安史，非光弼而誰？此凡勝，所以歸之將也。或曰：凡勝者，以一人奮而先登，則三軍隨之而勝，如仁貴之白衣自顯，賈復之鼓勇先登。或曰：一人謂人君有道，故軍可以勝。書曰「一人元良」，又曰「一人有慶」，非天子不敢當一人之稱。或曰：三軍雖不同，其心如一人，如武王之三千臣唯一心。是又一說也。○寅云：大凡勝三軍之衆者，在一人之能制勝耳。若張遼守合肥，與吴戰，唐太宗征遼東，薛仁貴與蓋蘇文戰，皆一人制勝，而後能勝三軍也。○源云：凡取勝之道，三軍之衆，舉動若使一人，故能勠力同心，而可以取勝也。○朱云：一人者，主將也，言不在衆兵也。

凡鼓，鼓旌旗，鼓車，鼓馬，鼓徒，鼓兵，鼓首，鼓足，七鼓兼齊〔一〕。

〔一〕施云：傳曰「師之耳目，在吾旗鼓」，是則用兵者，以鼓爲上也。不同者，物之常，然同之者，今之有素旆，析羽爲旌，熊虎爲旗，二者皆訢也，而其用非鼓則不能爲指麾，今有以鼓之，則鼓之左、麾之右，爲有節矣，禮曰「三鼓作旗」是也。車爲軍之羽翼，馬爲軍之伺候，非鼓不能爲動用，今有以鼓之，疾而前，緩而止，爲有序矣，傳曰「援桴而鼓，馬不能止」，禮曰「三鼓車徒皆作」是也。兵，五兵也。以是鼓之，則趨進有時、擊刺有度矣，禮曰「鼓三發，徒三擊」是也。至於首之所戴，足之所履，人之未知也，故亦從而鼓焉。噫，兵大齊則制天下。古之人欲其六伐、七伐而止齊，六步、七步而止齊焉者，爲其大齊，則天下可制也。今鼓人之鼓，以旌旗則鼓之，以車馬則鼓之，以兵徒首足則鼓之，一有所用，則一爲之鼓，此無他，其所以鼓之者，欲其兼齊也，故終曰「鼓兼齊」，周禮大司馬「中冬之教」備矣。○寅云：凡鼓，所以進三軍也，而其中各有所主焉。有鼓之而開合旌旗以進兵者，有鼓之使車前驅者，有鼓之使騎前衝者，有鼓之使步兵前行者，有鼓之使整治兵器者，有鼓之使左顧左、右顧右、前顧前、後顧後者，有鼓之使坐作進退者，此所謂鼓首鼓足。七鼓若兼齊，則大小畢戰，三軍皆進矣。○源云：鼓爲三軍取勝之號，故因各物之用，而取其聲音以紀之也。其節備於尉繚子勒卒令篇。○黄云：此言七鼓之用。聽鼓聲，而旌旗開合，車前驅，馬前馳，步卒行，兵器整，首左顧左、右顧右，足坐作、進退，七鼓兼齊，則大小畢戰，三軍皆進。○朱云：

鼓旌旗之鼓，擊鼓以振作之也。有使人聞鼓聲而旌旗開合者，有使車前驅者，有使騎前衝者，有使步兵前行者，有使整治兵器者，有鼓之使首四顧，左顧左、右顧右、前顧前、後顧後者，有鼓之使足爲坐作、進退者。兼齊者，言軍中缺一不可，各有所當用也，不是一鼓皆齊之説。○震案：「旗」，講義作「旌」，疑涉上「旌」字而誤。「七」字原脱，講義、直解、集解、開宗、武備志、彙解、張校、曹校皆有，據補。

凡戰，既固勿重，重進勿盡，凡盡危〔一〕。

〔一〕施云：重，再也。魏鄭公曰：「人有患，疼痛十年，皮骨僅存，便欲負數石米，日行千里，必不救矣。」然則用兵者可不知哉？夫兵不可輕進也。吾既得其固矣，毋得再進焉；雖再進，亦無得盡行；若盡進，而與人戰者必危。高祖出滎陽，至成皋，入關收兵，欲復東。轅生説曰：「項王引兵南走，王堅壁勿戰，令滎陽、成皋間且得休息，使韓信等安輯河北，王乃復走滎陽。」此勿重之説也。○寅云：凡與人戰，行陳、車馬、甲胄既固，勿用持重；若用重兵進戰，勿得盡行；凡重兵盡行，則危殆而不安矣。○源云：凡戰陳既堅固，則不可用遲重之兵；若用遲重之兵，則不可輕率而進；既已輕率而進，則不可盡數而入；若盡數而入，不留援兵於外，則必至於危殆矣。○黄云：此言兵貴速而戒盡。我軍既堅固，即當速進，勿用持重失時。若重兵進戰，勿得盡進，凡盡進必危，爲將者相其機可也。○朱云：固，行陣、車馬、甲冑堅固也。勿重者，即當速進，勿用持重遲滯失時也。重進者，重兵進戰也。見可止則止，勿得盡行。凡重兵盡行，則危殆之事也。○震案：下「盡」字，張校、曹校並作「進」，非。

凡戰，非陳之難，使人可陳難；非使可陳難〔一〕，使人可用難〔二〕；非知之難，行之難〔三〕。

〔一〕張云：御覽二百九十七「使可」二字倒。○震案：御覽卷二九七引此節及古注。三「陳」字，御覽同彙解皆作「陣」。

〔二〕古注云：使人盡心效力，月必勝也。○寅云：凡與人戰，非陳列行陣之難，使人可陳爲難；又非使可陳爲難，使人可用爲難。言得人而用之，則可陳矣，猶孫子「擇人而任勢」之説。

　　○張云：御覽無「人」字。

〔三〕古注云：教習使人知進退之便、左右之利，事事自行之者難。○施云：按圖布勢，未必皆勝；注的存鵠，未必皆中；拘法陣兵，未必皆可用也。善陣兵者，不求於形勢之外，常存乎心術之中。是以非布陣之難，使人習陣之爲難；非使人習陣之爲難，使人致力用命之爲難；非知之爲難，行之則爲難。黄帝因丘井，以寓兵法八陣之制，世所共知。後世能陣者幾何人？能使人習者幾何人？而其士卒之可用者，又幾何人？數千百載，有諸葛亮者，布陣爲八行，又其下有李衛公者，減爲六花。亮知而行之，卒能强蜀，司馬懿嘆其奇才；靖知而行之，卒能造唐，而四方莫不來服，二人者非惟知之乎？○寅云：然人又非知之爲難，能行之爲難也。○源云：此言陳易而用人難，知易而力行難耳。○黄云：此言戰貴得可用之人。列陳非難，使各能布陳爲難；可陳亦非難，使人能用我陳爲難；知陳非難，能行爲難。得其人而任之，則無不可陳、用陳、行陳矣。○朱云：非但知此陣之理爲難，實能行之始爲難也。

人方有性，性州異，教成俗，俗州異，道化俗〔一〕。

〔一〕施云：傳曰「五方之民各有性」，故齊性剛，秦性强，楚性弱，燕性慤，三晉之性和，是五方各有性也。性雖隨其方，人各隨其州而異焉。傳曰「以俗教安，則人不偷」，故太公在齊，尚賢而易俗；伯禽在魯，簡禮而因俗，是教能成其俗也。俗雖因於教，亦各隨其州而異焉。古者千里不同風，百里不同俗，此性也，所以隨州而異也。然天下有不同之民，而聖人有能同之理，大道之行也，天下爲公，吾化以道，則天下一統，六合同風，一歸於道化之中，而無異政殊俗矣。此道之化也，傳所以曰「一道德以同俗」。○寅云：凡人每方各有所稟之性，此性字兼指氣質而言也。以氣質而論性，則九州之人各不同，但以教變化之，則成美俗。民之風俗九州又各異，但以道變化之，則可使之同也。此一節蓋言化民成俗之義。○源云：有一方之人，必有一方之性。所謂性州異者，言居處、飲食、言語、衣服各有不同也。一方之性與一州之性不同，則以一州之法教之，而成一州之俗；一州之俗與天下不同，則以天下之道化之，而成天下之俗，此所以可陳、可用而可行也。道，即孝、弟、忠、信、禮、義、廉、恥，通行之道是也。○黄云：此言道教可以化民成俗。四方之人各有稟性，以州域而異，教以率之則俗成；俗亦州異，道以一之則俗化，是在化民者加之意耳。○震案：五方之人各有性，教之則成俗，是性與俗皆隨其方，或邦國、或郡縣、或鄉邑，何必獨以州域爲異？蓋「州異」之「州」者，非謂周禮「五黨爲州」之「州」也。愚謂州亦當爲異，廣雅釋言「殊也」，又墨子經下「説在不州」，高亨校詮：「不州，猶言不殊，謂不異也。」

凡衆寡，既勝若否，兵不告利，甲不告堅，車不告固，馬不告良，衆不自多，未獲道〔一一〕。

〔二〕施云：孫子曰：「識衆寡之用者勝。」然則以衆擊寡，勝之必也，然有以百萬而敗於八千者，非衆不可用，不識所以用之也；以寡擊衆，宜不勝也，然有以三千而敗百萬者，非寡必可用也，識所以用之也。惟其識而用之，故衆以勝寡，而得勝者毋得恃之，常如不勝之時，苟矜前日之功，忘後來之慮，未足以爲勝矣。蓋用之者，聞愷樂如聽金鼓之聲，登廟堂如行行軍之間，雖曰已勝，常如未勝之時。故吾之所以勝之者，甲兵也，車馬也，今而既勝，則兵不可言利，甲不可言堅，車不可言固，馬不可言良。苟以是而告人，是輕敵也。其所以不告人者，何也？爲吾衆不自多，其功常如未獲道之時。苟爲不然，則勝而驕之，必爲莫敖狃於蒲騷之役，晉人狃於城濮之戰，吾未見其獲道也。吴子曰「戰勝易，守勝難」者，不患不能勝，患無持勝之術也。○寅云：凡兵衆寡，既勝與否，兵刃不告其利，甲胄不告其堅，車乘不告其固，馬匹不告其良。告者，言之於上，亦誇伐之義。衆士不自誇其功，反是則不得其爲臣之道矣。此句上下疑有闕文。此一節即前篇「上貴不伐之士，苟不伐則無求，無求則不争」之義。○源云：凡衆寡與敵交戰，既已勝矣，則不必言；若有不勝，爲主將者，兵不戒以鋒利，甲不戒以堅厚，車不戒以輕固，馬不戒以馴良，衆不戒以自多，將欲復戰，愈不得其理矣。自多，猶言恃其兵衆，而不知其戒也。○黄云：此言兵甲、車馬、徒衆，貴盡其道。凡兵，用衆、用寡，皆有勝、不勝之分，則視其兵甲、車馬、徒衆何如耳。倘欲堅利，而不可告堅利；欲固、欲良、欲多，而不可告固、告良、自多，皆不得戰勝之道者也。夫兵甲、車馬、徒衆且不能獲道，而况用兵甲、車馬、徒衆者乎？○朱云：衆寡者，用衆用寡也。告，猶告語也。兵刃欲其利，而不言利；甲與車馬皆不言其完固良善；衆欲其多，而今不能自多，皆未得戰陣之道者也。又云不自多者，雖有衆，而不能得多之力，猶未得兵道者也。○曹云：武備志無「凡」字。○震案：「既」，直解、開宗、武備志、彙解、張校、曹校俱作「若」，當以作「既」爲是，言既戰雖勝，而猶以兵甲車馬不甚堅利精良，衆士亦不自誇其功，謙虚謹慎，而如尚未獲得克敵制勝之道。多猶誇功。孟子梁惠王下趙岐注「王自多有此樂」，焦循正義：「多，謂誇大也。」又周禮夏官司勳：「戰功曰多。」

凡戰，勝則與衆分善〔一〕。**若將復戰，則重賞罰**〔二〕。**若使不勝，取過在己**〔三〕。**復戰，則誓以居前，無復先術，勝否勿反，是謂正則**〔四〕。

〔一〕古注云：將雖有獨見之知，戰勝不自取功，常推與下分者也。○寅云：凡戰，若勝則與衆人分善，分善謂與人分功也。○源云：若戰已勝，則與其下各分其善，不可以爲己功。○朱云：善，猶言功能也。雖自己有善，當與衆分之。○曹云：武備志無「善」字。御覽無「勝」

字，下有「選良，先無功者」，注云：「勇猛勁材，戰不得功，後戰必選爲前，以激致其鋭氣也。」按孫子地形篇杜牧注：「司馬法曰『選良次兵，益人之强』，注曰：『勇猛勁捷，戰不得功，後戰必選於前，以激致其鋭氣也。』」又以爲用衆篇注。○震案：御覽卷二七二引自此以下至「取過在己」（御覽「取」作「使」）及古注。

〔二〕寅云：若將復與人戰，則重立賞罰。○施云：以謙自處者，將之所以責己；明法申令者，將之所以馭人。夫勝則分善，敗則取過，將之自處以謙也；復戰而重其賞罰，誓以居前，將之明法申令也。是以戰而獲勝，則不居其善，而與衆分之。王鎮惡曰「明公之威，諸將之力」，李晟曰「上憑睿算，下賴士心」，是皆不專其善，而分之衆也。若又有戰，其可以前日分善之心而諭之乎？必也量其賞罰以勸沮之，進而有功者必賞，退而無功者必罰，賞則勸，罰則沮，所以驅之於復戰也。○源云：若欲再戰，更當重其賞罰，恐人恃其前勝而不力也。○朱云：復戰，既勝而復與人戰也，重立賞罰以明功過。○震案：御覽無此八字。集解「賞」下無「罰」字。

〔三〕古注云：戰有失利，當爲吏士引其過咎，令無慙愧，使復可使。○施云：不幸而不勝，則不分其惡，而取之在己。李廣曰「諸校尉無罪，乃我自失道」，司馬景王引二過以歸己，是皆不責於人，而取過在己也。○寅云：若使人戰，脱其不勝，取過在己。○源云：若戰而不勝，則其責在己，不歸於下。○朱云：戰而不勝，則取過失歸之於己。○曹云：御覽「取」作「使」。

〔四〕施云：若將又戰，其可以取過之心而告之乎？是必誓以居前，無復前術。始也既勝而分善，今而再戰，勿復以前日分善之心而告之；始也不勝以取過，今而再戰，勿復以前日取過之心而告之。勝否勿反用前術，是正三軍之法則也。莫難治者，三軍之士；莫難言者，治軍之法。吾能盡其治之之術，隨勝否而用之，斯可謂得治軍之法也。○寅云：復戰則誓戒之，使居前列，無復先任以智術，或勝或否，勿反此道，此謂正人之法則。○源云：再戰則當誓其士卒，以身先之，亦不可依前敗之法而行。凡依前言而戰，或勝或負，勿相反其道，此謂之正法也。○黄云：此言戰不論勝負，當各盡正道。勝雖繇己，善則分衆，將復戰，當明功罪；不勝則取過歸己，復戰而誓，以振作人心，己居前以率衆，無復先任智術。勝負皆勿反悖此道，是正己正人之法則也。善分衆，過歸己，何等心腸？己居前，何等力量？上將之道無踰此。○矦云：誓戒以振人心，己居前列，以身率衆也。先術者，無似先任智術，令彼居前也。勿反此道，即指上文分善、賞罰、取過數項也。○震案：「以」，直解、開宗、武備志、彙解、張校、曹校俱作「已」。「否」，彙解作「負」。

凡民，以仁救，以義戰，以智決，以勇鬬，以信專，以利勸，以功勝〔一〕。故心中仁，行中義，堪物智也，堪大勇也，堪久信也〔二〕。讓以和，人以洽〔三〕。自予以不循，争賢以爲人。説其心，效其力〔四〕。

〔一〕施云：天下未嘗無可用之人，在我貴乎有善用之道。是以上之人，有仁以親之，則三軍慕其仁，莫不左右相助，前後相援，其爲救也，出於仁矣。蓋仁者，人之所親，以仁豈不相救乎？魯之民，疾視其上而不救，仁不足也。有義以勵之，則人慕其義，莫不視敵而前，冒難而進，其爲戰也，固出於義矣。蓋争義不争利，以義豈不足戰乎？衛之民受甲不戰者，義不足也。智見恃，故人賴其智以決疑，乃若諸葛謀多決少，奚可哉？勇見方，人賴其勇以盡鬬，楚之民莫有鬬心，奚可哉？若人不信，則行其不復行；因其信，則莫不專一。民未知信，晉文公伐原以示之，而後人一其心也。取敵之利者，貨也，其心既貪於利，又安得不相勸以殺敵哉？先主取益州曰「凡其府庫，孤無與焉」，此人所以相勸而勝之也。君舉有功而進享之，無功而勸之，心既急於功，又安有不求勝於敵哉？魏文侯爲三行以享士，及聞秦師，奮擊之者以萬數，此以功而勝之也。凡此皆上之人有激勸之術，則下之人各致力而進，此天下皆可用之人也。○寅云：凡民以仁愛救其危難，以義激之使戰，以知斷決其是非，以勇率之使鬭，以信專一其心，以利勸其勤惰，以功較其所勝。○朱云：仁，慈愛也。救，救其患難也。義，忠義激勸也。戰，樂於戰也。智，明晰也。決，斷其是非之理也。勇，奮往當先也。鬭，力鬭也。信，誠實也。專，一其心志也。利，與之同利，互相勸勉也。賞録其功，使之取勝也。

〔二〕施云：夫仁不可得而知之也，即其心之所存，斯可以爲仁；義不可得而用也，即其行而可見者，斯可以爲義。傳曰「惻隱之心，仁之端也」，是心中仁；又曰「行而宜之之謂義」，是行中義。無他，存諸中者，然後爲愛人之恩；見於外者，然後爲制事之宜。中之爲言合也。語曰「言中清，行中倫」，禮曰「員中規，方中矩」，皆中之之意也。物來能明，事至能明，此智也；苟爲無智，則不足以下天下之事。捍大患，禦大敵，此勇也；苟爲無勇，則不可以任天下之重。存之以誠，持之以久，此信也；苟爲無信，則不能持之以久遠。法之所言，特及此五者，而不及於利與功者，蓋利之與功，上之所以勸下，非上之人躬行而帥之也，故不再言之。○寅云：故上之心中乎仁，而行中乎義也。堪別物之是非者，智也；堪任大事者，勇也；堪與衆持久者，信也。○源云：凡居上而弔其民也，以仁救其患，以義戰其國，以智決其勝，以勇鬭其力，以信一其心，以利勸其志，以功勝其敵，故民之心合於仁，士之行合於義矣。堪，任也，能也。物，事也。言爲將而能任其大事者，以其有智也；能克其大敵者，以其有勇也；能與衆持久者，以其有信也。○朱云：心之所發，合乎仁也；事之所行，合乎義也。堪物，堪理萬物也，乃可謂之智也；堪大，堪任大敵也，乃可謂之勇也；堪於持久，乃可謂之信也。

〔三〕施云：辭遜之德，既行於上；親睦之風，斯成於下。夫上不伐善，遜之至也。人相遜，則有功者無好勝之心，無功者皆勉力而進。和睦如此，則無乖争陵犯之變，其有不治乎？春秋之時，晉師歸，范文子後入，武子曰：「無爲吾望爾也？」對曰：「師有功，國人喜而逆之，先入必屬人之耳目，是代帥受名也。」武子曰：「吾知免矣。」郤伯見。公曰：「子之力也夫！」曰：「君之訓也，二三子之力也，臣何力之有？」范叔則以爲「庚所命也，克之制也」，欒伯則以爲「燮之詔也，士用命也」。是以晉國以治，而人無争功者，遜之至也。乃若寇恂與賈復有隙，田文與吴起争功，在上者既不能讓以和，其何以使之輯睦哉？○寅云：相讓以和，則人心自洽。○朱云：讓以和，處人遜讓而和厚。洽者，人心自與親比浹洽也。○震案：「以洽」，講義作「以治」，直解、開宗、武備志、彙解、曹校俱作「自洽」，張校作「自治」。

〔四〕施云：善戰者，臨機制變可也，自取諸己，而不循諸古人之陣跡。張巡教戰出自己意，未嘗依古法；去病言兵自顧方略，不至學古兵法，是知自予以不循者也。乃若房琯用車戰而敗，趙括讀父書而死，安得以語此？「官人得，則士卒服」，略言之矣。夫用兵之際，苟得一人爲之謀主，則三軍有所恃耳，故争得賢以爲我之人。田忌以孫臏爲師，卒能强齊；蕭何追韓信以拜將，卒能帝漢，皆知争賢以爲人也。虞不用百里奚而亡，楚不用范增而斃，又烏足語此？易曰：「悦以使民，民忘其勞。」夫既有以悦其心，又烏有不盡力以報之？内有以得三軍之心，故外有以得三軍之力。苟其平居之時無以悦其心，則驅之於萬死一生之地，又何以人人效其力乎？王伯之善撫士卒，故軍士斷髮請戰；王翦之椎牛享士，故軍士投石超距。乃若魯之民疾視其長上，衛之民受甲而不戰，非民之效力也，無以説甚心也。○寅云：予猶許也。不循，不順於理。謂事有不順於理，上之人自歸於己，則下之人皆争相賢以有爲，而人乃説其心、效其力矣。○源云：此承上文而言。人有堪物、堪大之才，又能謙恭而和，使人懽洽，雖自己之子，賢亦當薦之，非爲循其己私，若祁奚之薦祁午是也。盡薦賢爲人，非爲乎己，故與人争之，若子皮之薦子産是也。此所以能悦人之心，而能使人效其力也。○閻云：「予」一作「子」。○黄云：此言帥民當盡其道，乃能使之洽心效力。仁，其本也；義、智、勇、信，其輔也；利與功，則所以佐激勸之不逮者；況乎加之以讓且和也。不順自予，賢譽爲人，而人心有不説洽，士力有不振奮，豈以仁救民而有是也哉？○朱云：予，猶許也。不循，不順義理也。歸過於己，賢譽則争相推以爲人，則人心自説喜，而各效其勇力矣。○震案：「予」原作「子」，形近致訛，講義、直解、集解、開宗、武備志、彙解、張校、曹校皆作「予」，當是，遂據正。「效」，彙解作「堪」。

凡戰，擊其微靜，避其强靜；擊其倦勞，避其閑窕；擊其大懼，避其小懼，自古之政也〔一〕。

〔一〕施云：夫戰之法，合於利而動，不合於利而止，敵則能戰之，少則能逃之，用兵者之所通知也。故「擊其惰歸」，「避其鋭氣」，此孫子言擊之、避之之術也；「不卜而與之戰」，「不占而避之」，此吴子論擊之、避之之術也。勢之虚實在乎敵，兵之用否在乎我。故微而静，則怠惰而無備，非真静也，故擊之；若强而静，則法令明、士卒服，此真静也，故避之；倦勞則委靡不振，故可擊；閑窕則其力有餘，故可避；大懼則一軍盡懼，故可擊；小懼則必知謹備，故避之，凡此皆古之用兵之政然也。○寅云：凡與人戰，擊其兵微弱而静者，避其兵强盛而静者；擊其兵之遠來而勞倦者，避其兵之閑習輕窕者；擊其敵人之大懼者，大懼，是畏我者也；避其敵人之小懼者，小懼，是自謹者也，孔子所謂「臨事而懼」是也。此謂自古之政也。○源云：微静，兵少而静也。强静，兵多而静也。閑窕，人閑而力深窕也。大懼，大敗而驚惶也。小懼，小驚而益備也。此言當審敵之强弱、虚實而擊敵也。○黄云：此言凡戰當審擊避之法。擊怯弱，避堅守；擊往來勞倦，避閑暇窕捷；擊其氣餒，避其自謹以誘我。自古全軍之政，又豈有踰此者哉？○朱云：微静者，微弱而静者，則引兵而擊之；强静，敵人强實而静者，則避而勿擊。往來勞倦，則可擊。閑窕，敵人閑暇而輕窕。大懼者，畏我者也。小懼者，自謹也。自古用兵之政也。○震案：「倦勞」，直解、開宗、武備志俱作「勞倦」。

用衆第五

寅云：用衆者，用衆以戰也。以首有「用衆」二字，故以名篇。○黄云：分別用衆、用寡法度。○朱云：此篇論臨戰之事，始則迭示其法，終則究竟其弊，爲將者宜知所取裁也。

凡戰之道，用寡固，用衆治；寡利煩，衆利正〔一〕。用衆進止，用寡進退〔二〕。衆以合寡，則遠裹而闕之〔三〕；若分而迭擊，寡以待衆；若衆疑之，則自用之〔四〕。擅利則釋旗，迎而反之〔五〕。敵若衆，則相衆而受裹〔六〕；敵若寡若畏，則避之開之〔七〕。

〔一〕施云：孫子曰「識衆寡之用者勝」，然則兵之爲用，皆可以取勝也，特患乎不知所以用之耳，此以下皆言用衆寡之術也。夫寡則易散，不可不固其心；衆則易亂，不可不治其法。寡則力不足，不固則無以爲援；衆則力有餘，不治則人得以輕進。寡則利煩，謂其雜以示强也，如更衣而出入是也；衆則利正，謂其治以明法也。煩則可以自固，正則可以自治。○寅云：凡戰陳之道，若用寡，宜堅固其陳；若用衆，宜整治其陳。兵寡宜頻變化，出奇以制勝；兵衆宜踐墨隨敵，利以正合而制勝，是正亦勝、奇亦勝也。○源云：所用之兵若少，陣宜堅而固；所用之兵若多，陣宜嚴而治。少利教煩，多利法正。○朱云：正者，踐墨循法，守正以取勝也。

〔二〕施云：若夫用之之際，則有進有止。人既衆，可以進，難以退，故進則進、不可進則止者，所以自固也；若退，則恐其煩亂而難止。符堅百萬敗於淮淝者，以其揮軍以退亂，莫能止也。寡則人少，故可進；不可進則退，易於進退也。李陵三千敗於匈奴，不知退而自固，所以敗也。○寅云：用衆要知進知止，所謂「五伐六伐」、「乃止齊焉」；用寡要知進知退，所謂「進不可當」、「退不可追」是也。○源云：用衆而進，當思所止之地；用寡而進，當思所退之路。蓋進不思所止之地，是瞢而無智也；退不思所出之路，是拙而無策也，此用兵之大忌也。

〔三〕古注云：合有交兵，衆者以寡合對追逐也，圍也。以衆擊寡，逐而圍之，闕其去道，無令死戰。○寅云：我衆以合敵人之寡，則遠圍而闕其一面，所謂「圍師必闕」是也。○源云：遠裹闕之，即孫子所謂「圍師必闕」是也。○朱云：衆，我兵之衆多也。合寡，與敵人之寡少合戰也。遠裹者，遠圍於外也。闕之，闕其一面，開其遁路也。○曹云：按後漢書皇甫嵩傳「窮寇勿追，歸衆勿迫」，注云：「司馬兵法之言。」孫子軍争篇「歸師勿遏，圍師必闕」，魏武帝注引司馬法曰「圍其三面，闕其一面，所以示生路也」，即此義。○震案：御覽卷三一八引「衆以合寡」以下至「則避之開之」及古注，「則遠裹而闕之」作「爲追裹而闕」，無下「若分而迭擊」至「迎而反之」二十六字。張校據御覽亦改「遠」作「追」。

〔四〕施云：衆以合寡，則我强而彼弱。法曰「十則圍之」，又曰「倍則分之」，故遠圍而闕其一，而使敵人分散離其心，又且分兵迭擊，然後可以勝之也。若以寡而當彼之衆，我不足而彼有餘，一見其衆必生疑心，吾當自用以決其疑。○寅云：若分兵而更迭擊之，是寡以待衆也。若衆有所疑懼，則自用權以制勝。○源云：闕之之勢，若分兵而迭擊，使敵人逸而不能走也。少以待衆，衆必疑懼，吾當身先士卒，自導用之，若慕容農之擊石越，言「彼甲在外，我甲在内」之類是也。○朱云：疑之，衆人有所疑懼，則當自用權變以取勝也。○震案：上「若」字，開宗作「其」。左傳昭公三十年：「吴子問於伍員曰：『初而言伐楚，余知其可也，而恐其使余往也，又惡人之有余之功也。今余將自有之矣，伐楚何如？』對曰：『楚執政衆而乖，莫適任患。若爲三師以肄焉，一師至，彼必皆出。彼出則歸，彼歸則出，楚必道敝。亟肄以罷之，多方以誤之。既罷，而後以三軍繼之，必大克之。』」此即所謂「分而迭擊」者，可以我少量兵力牽制敵之大部，故云「寡以待衆」。

〔五〕施云：我既得其利，則示弱以誘敵，去其旗，迎敵之來，而反與之戰。韓信伐趙，信棄旗走水上軍，擊破陳餘是也。○寅云：若專欲争利，則釋旗，迎而反擊之。此疑有闕文誤字。○源云：若偏裨部將，擅專敵人之利，乘勝進取，則當釋吾之旗，迎而返之，蓋因敵來可克，恐其深入陷伏也。○朱云：擅利者，敵人專據地利也。釋旗者，釋去旗物而走也。及其來追，則迎而反擊也。○震案：「反」，武備志作「返」。

〔六〕古注云：敵衆已寡，則依利道而受圍，以堅衆心。分其四向而受敵，則衆以死爲生，故能衝逐四出以克勝也。○施云：敵人若用衆，則相視我一人，而視敵之裏，吾之心必堅。○寅云：敵人若衆，則相視彼衆如何而受其圍，如張遼突入吴衆而受圍是也。○源云：若敵衆我寡，猝與敵會，則當相度其衆，而受其圍裏，然後四面奮擊，若高歡爲圓陣於韓陵，以破爾朱兆是也。○張云：御覽脱「相衆而」三字。

〔七〕古注云：敵家少弱恐懼者，則開去道，無令爲窮寇，必死戰也。○施云：敵如寡而無援，又且有畏懼之心，吾能避之，恐其死戰而致敗也。○寅云：敵人若寡少，若謹畏，則且避之、開之，以伺其變。○源云：敵或受圍於我，若寡若畏，吾當避之開之，以縱其生路，恐其併力，致死於我也。困獸猶鬬，而況人乎？正謂此耳。○黄云：此概言用衆寡之法。兵寡先固陳，敵不得以强壓之也；兵衆先整飭，敵不敢以撓亂之也。寡者煩變化，若更易衣服、環迴城郭之類也（劉舜卿守代州，遼以十萬勁卒圍之，舜卿令衆數换衣甲，環迴出入，虜驚其衆，解去）；衆者利正治，若左交右援、嚴部肅壘之謂也（楚師戒嚴，右廣初駕，數及日中，左則受之，以至於昏）。用衆在進止，齊師之旗靡轍亂，可懲也（齊師敗，魯公將逐之，曹劌下視其轍亂，登車見其旗靡，乃麾而進）；用寡在進退，宋軍之電擊風馳，足法也（金人襲宗澤，得空營，驚去，澤曰「虜失望過河，當風馳電擊，反襲其營」）。遠裹而闕，如李光弼圍史思明於土門是也（弼圍明，令開東南角，賊棄甲走，因追擊之，盡殪其衆）；自用權變，如程咬金捲旆而擒竇建德是也（唐太宗與建德大戰，咬金等捲旆而入，出賊陳後，張唐旗幟，賊衆大潰，遂擒之）。釋旗迎反，若馬援討武陵五溪蠻，則不識避反之法者矣（援不繇充道，而進壺頭，賊衆乘高守隘，水疾，船不得上，會暑濕，士多疫死，援亦病卒）。相衆受裹，如沙陀三千騎突王弘立之圍是也（唐康承訓討龐勳，使朱邪赤心將沙陀三千騎爲先鋒，賊將弘立圍之，沙陀左右突圍，出入如飛，遂大破賊）；避開畏寡，如石虎攻三段而過燕山是也（虎攻三段，遼北平相陽裕率數千家，登燕山以自固，諸將欲攻之，虎曰「裕儒生，矜惜名節，恥於迎降，無能爲也」，遂過之，裕詣軍門降）。○張云：御覽「避」誤「譬」。

凡戰，背風，背高，右高，左險，歷沛，歷圮，兼舍，環龜〔一〕。

〔一〕古注云：背風從天氣，背高從地勢也。凡戰，宜因天氣勝地氣也。兼舍者，晝夜行也。四面屯守謂之環龜。○施云：「知天知地，勝乃可全」，此兵之道也。背風，此知天也；背高，右高，至於兼舍環龜，此知地也。法曰「風順致呼而從之」，則背風取其順也；法曰「高陵勿向」，故背高據其利勢也；右背山陵，戰之法也，故高陵居其右前；左水澤，戰之法也，故險阻居其左。若夫沛者，卑濕之地；圮者，水毀之地。法曰「絶斥澤」，唯亟去無留；又曰「圮地無舍」，行軍至沛圮之地，當歷而過之。若不得已而不能歷此而居焉，則當兼舍而爲環龜之勢。軍行三十里爲一舍，兼行，六十里也。六十里之中，其地廣矣，其中必有高陽之地，故處爲環龜之勢，其形中高而旁下，居處其高，所以防水淹也。一説謹其次舍，而爲環龜之形，則左右前後皆得以相救，所以備掩襲也。○寅云：凡與人戰，背風之逆，背山之高，右高左險者，右背山陵，前左水澤也。沛，澤也。圮，道路傾壞之地。歷者，過之而不止也。

環龜，地形之似環龜者，宜舍止之也。〇源云：歷，過而不息也。沛，沮澤也。圮，毀地也。環龜，地形背高而圓，如環龜之壯也。屯營者，當營於環龜之地也。〇黃云：此言審地利之形。凡戰，當使風在後，高在後，右宜山陵，左宜險隘。沛澤傾圮之地，則歷而過之。若地形之似環龜者，亦併舍而去焉。如此庶不爲敵所乘矣。〇震案：北堂書鈔卷一一八引「凡戰，背風，背高，高險」八字，又引「凡戰，背風，背高，兼舍，環龜」十字，並及古注。背高、右高者，如孫子行軍「平陸處易，而右背高，前死後生」，近人李浴日謂：「右背高，以丘爲右，是爲防禦右側的射擊，並便於左側的正面射擊。據北村佳逸於漫遊吾國時，聞老儒曰：『强弩是用左足踏弓，左手拉弦，右手放矢，正面稍左，而向敵人射擊。』」圮，開宗作「汜」，疑誤。

凡戰，設而觀其作，視敵而舉。待則循而勿鼓，待衆之作。攻則屯而伺之〔一〕。

〔一〕施云：所以料敵者，既盡其至，則所以制敵者，斯有成功。方兩軍相對，吾必有以料之，故設而形之，以觀其作之如何，或冠而速去之，或挑戰而誘之，如孔明遺巾幗以怒宣王、宣王屯陽遂以餌諸葛是也。既設而觀其作，又當量敵而進，慮勝而會，如孫臏料龐涓之可殺、陳湯知胡兵不能當漢兵是也。若其有待，則循而無得鼓之，鼓之則氣竭也。曹劌曰「一鼓作氣，再而衰，三而竭」，故當循而勿鼓也，必當待吾之士卒有作勇而起者，然後用之。王翦伐荆，苟不因其投石超距，必不可以破荆；王伯伐茂建，苟不因其斷髮請戰，必未可以破茂建。此所以待衆之作也。若彼來攻我，我則謹其所守而固之，不可率應也；應之以率，則輕而寡謀，故伺其隙而後進。○寅云：凡與人戰，行陳既設，觀其動作如何，又當視敵虛實而舉。敵若待我，我則順其意，而勿鼓進其兵，待敵之動作如何；若來攻我，我則屯兵伺之，如趙奢厚集其陣以待秦兵是也。○源云：設其計以觀敵之動作，視敵之變而後舉。若有所待，則撫循其士卒，而勿擊其鼓，待其衆既作，將欲攻我，我則屯聚其兵，伺其變動而擊之也。此必有缺文，義甚不廣。○黄云：此言伺敵動靜而應之法。設爲形勢，以觀敵動作，視敵虛實而舉事。敵若設兵待我，則順循其意，勿鼓進吾兵，待敵衆之作而來攻我也，則就此已屯之兵伺之，其斯爲以靜制動者乎？○震案：「視」原訛作「梘」，講義、直解、集解、開宗、武備志、彙解、張校、曹校皆作「視」，當是，遂據正。循，安撫、慰問。

凡戰，衆寡以觀其變〔一〕，進退以觀其固〔二〕，危而觀其懼〔三〕，静而觀其怠〔四〕，

動而觀其疑〔五〕，襲而觀其治〔六〕。擊其疑，加其卒，致其屈，襲其規〔七〕。因其不避，阻其圖，奪其慮，乘其懼〔八〕。

〔一〕寅云：凡與人戰，或用衆，或用寡，以觀其變動如何。○震案：御覽卷二七〇引自此以下至「襲而觀其治」及古注。「衆寡以觀其變」，御覽作「寬而觀其慮」，且引古注曰：「寬者，先以卑弱示不能，以示敵變化，慮其利害得失所在也。」張校同御覽。

〔二〕古注云：遣輕兵至敵所在，視察進退固備虚危處所也。○施云：有以形敵，而後可以審敵。故或示之以寡，或示之以衆，彼必有以應我，吾可以知其變焉；或示之以進，或示之以退，彼之所守爲如何，吾足以知其所固也。如井陘之兵數萬，號三十萬，希顥之兵不過千人，此以衆寡觀其變也；孫子「半進半退者，誘也」，吴使刑人進退以示楚，此以進退觀其固也。○寅云：一進一退，以觀其固備如何。

〔三〕古注云：詐設危事，以知敵恐怖得失之勢也。○施云：懼生於危，吾迫之以危殆，以觀其恐懼之心。左賢王以四萬騎圍，李廣自如，安能危之哉？○寅云：以危迫之勢臨之，而觀其懼之如何。

〔四〕古注云：敵静而不動，相視吏士知懈怠。○施云：起於静，吾鎮之以寂静，以觀其怠惰之心。

皇甫嵩討張魯，閉營休士以觀其變，知職稍怠，潛擊破之。○寅云：靜以待之，而觀其怠心如何。

〔五〕古注云：輕兵挑戰，相見敵人，知其疑否也。○施云：忽動必有疑，示之以動，則彼將疑焉，故挑戰以誘其來，僞北以誤其進，此宣王遣周當以疑孔明，遣吴般以疑陸遜是也。○寅云：設計動之，而觀其疑惑如何。

〔六〕古注云：欲襲敵，先視其守備外内、什伍、器械，虚實、治亂所在也。○施云：將襲之，彼必恐；襲其不備，彼必亂也。故邀前搏後，聲東擊西。杜預陳兵江陵而襲樂卿，光弼欽旗鼓而襲思明。法曰「作之而知得失之計，角之而知有餘不足之處」，亦此意也。○寅云：以兵潛襲之，而觀其治亂如何。○源云：敵或衆或寡，必當伺之，以觀其變動；一進一退，必當察之，以觀其陣固與不固；敵處危困，必當審之，以觀其懼與不懼；敵雖安静，必當覘之，以觀其心怠與不怠；又必誘而動之，以觀其疑與不疑；探而襲之，以觀其治與不治。不固則邀之，危懼則逼之，怠惰則擊之，不疑則進之，不治則攻之。此與下文擊疑之意雖同，而應變則異也。

〔七〕施云：三軍之災，生於狐疑，三軍之害，猶豫最大，則狐疑之心，進退不可也，其不可擊乎？符堅之軍望八公山草木皆人形，是堅之心疑矣，安得不爲謝玄所擊？猛虎之猶豫，不如蜂蕢之致螫；孟賁之狐疑，不如童子之必至。倉卒之際，支捂之不能，其可不先有以加之乎？史思明方飯，而光弼提輕兵往擊之。彼之心屈於我，我當有以致之，寇恂斬使，而致高峻之屈服。彼之謀方爲之規畫，我則有以襲之，陸抗破堰，而羊叔子之謀爲抗所襲矣。○寅云：敵人心志疑惑則擊之，敵人倉卒而來則加之，致其力之屈，襲敵之規也。○源云：擊其疑，若蘇茂陣動，而寇恂擊破之是也；加其卒，若杜預遣周旨伏兵於樂鄉城外，縱軍入城，以虜孫歆是也；致其屈，若王霸閉營休士，以屈周建是也；襲其規，若于謹料蕭銑之必出下策，乃令楊忠等率精騎先據江津，斷其走路之類是也。○朱云：敵人疑惑，則攻擊之；敵人倉促，則可以兵加之；煩擾之，以致其力困屈；敵陣規正，則掩襲而使之亂。○震案：北堂書鈔卷一一八引「凡戰，静而觀其怠，動而觀其疑，因其病，攻其怠，擊其疑」，注曰：「敵静而不動，視吏士知其懈怠者不也。示敵而利以不敢進者，疑也，則可先知兵，以卒暴擊也。」「而利以」疑當作「以利而」，「知兵」疑「加兵」之訛。卒，倉促。詘，讀爲荀子王制「財物不屈」之「屈」，楊倞注：「屈，竭也。」

〔八〕施云：不若則避之，今而不能避，是不量力也，吾則因其可敗之勢而勝之，若皇甫嵩避彼才之鋭，彼又安得而因之乎？圖者，方謀之於心而未發，吾則阻之，使不得謀焉，此漢用汲黯，淮南寢謀是也。先人有奪人之心，奪者心之機，彼方思慮而吾能奪之，此亦陸抗破堰，以奪羊祜之慮也。法曰「擊其大懼」，則彼有憂懼之心，吾則乘而擊之，此亦謝玄因苻堅之心怖而乘之也。凡此皆在敵有可勝之勢，在我有制勝之術。○寅云：「避」當作「備」。因其不備，即所謂「乘其無備」也。阻其所謀，奪其所慮，即所謂「上兵伐謀」也。乘其敵之畏懾，即所謂「擊其大懼」也。○源云：因其不避，言敵與我遇，自知兵力不及而不知避，必與我戰，則其措置乖方，陣亂不整，可因而擊之，即孫子所謂「不若則能避之」是也。阻其圖，若陸抗決堰以阻羊祜浮船，改以車運，大費功力，又若韋孝寬宜於華谷、長秋速築城，以杜賊志之類是也。奪其慮，若李愬慮吴元濟倚任於董質，乃訪董質之母，令以書名之之類是也。乘其懾，若達頭聞史萬歲之名，懼而引去，萬歲追擊，大破之之類是也。此即太公「十四變可擊」之意也。○黄云：此言覘敵虚實而襲擊之法。「其」皆指敵人言。用衆用寡，以觀敵之變動；或進或退，以觀陳之固否；危而迫之，觀其懼否；静以待之，觀其怠否；動以撓之，觀其疑否；潛師襲之，觀其治否。疑惑則擊之，倉卒則兵加之，擾以致其困屈，襲以亂其規正。因以擊其不避，阻圖謀，奪計慮，上兵伐謀也。乘畏懾，擊其大懼也。如此而敵人之命在吾掌中矣。○朱云：敵人無所畏避，我可因其機而擊之。或阻撓其謀，或奪去其計，所謂「上兵伐謀」也。敵人有畏懾，我則急乘之，不可失也。○曹云：武備志「懼」作「懾」，涉下「後則懾」而誤。○震案：寅謂「『避』當作『備』」，可從。避、備上古音近，避在錫部，備在之部，同爲並紐，易致互訛。呂氏春秋節喪「慈親孝子避之者」，舊校云「『避』一作『備』」，治要卷三九亦引作「備」。「懼」，直解、集解、開宗、彙解亦皆同武備志作「慴」。

凡從奔勿息，敵人或止於路，則慮之〔一〕。**凡近敵都，必有進路，退必有返慮**〔二〕。

〔一〕古注云：追敵奔北無休懈，則敵於路旁設伏，當觀察反覆慮之，自驚戒也。○施云：淮南子曰：「見敵之虛，乘而勿服也，追而勿舍也，迫而勿去也。」是以敵人奔北，而我追之，毋得休息，息則奔者緩，緩則謀生，此曹劌所以乘齊師也。敵人若止於道傍以待我，我則慮之，無得輕進也，此法曰「逐奔不遠」，苟不能計度而必追之，必將蹈韓信、李牧之機矣。李靖曰：「從奔者其可無慮乎？」○寅云：凡從敵之奔敗，勿得止息，敵人或止息於路，則慮之，恐有伏也。○源云：若追真敗之敵，則當乘勝長驅，若唐太宗之平薛仁杲於折墌是也。敵人或止於路，則慮之而勿進，若于謹僞立路左以邀齊神武也。○黃云：此言逐奔之法。從敵奔北，勿得止息，敵若止息於路，則當慮其隱伏，防反擊也。○曹云：御覽無「人」字。○震案：御覽卷二七○引此節及古注。

〔三〕古注云：深入敵地，必知進退便利道徑、通塞利害所在，避實從虛也。○施云：見可而進，知難而退，軍之善政也。故入敵之地深，其取敵之都爲甚近也，吾當圖其有必進之路，此班超計焉耆葦橋之險不可渡，乃更從他道以到其城下是也。若夫不可而退，其可不爲返慮乎？夏侯尚攻江陵，入渚中，以浮橋往來。董昭曰：「夫兵好進惡退，常然之數。當深入，遠遁宜利。兵有進退，不可不如是也。」管子曰：「通於出入之路，則深入而不危。」正此也。○寅云：凡近敵之都邑，吾必要有前進之路，若無進路，則無所往也；退亦要有還反之慮，無反慮，恐爲敵所薄也。○源云：此言用兵當謹進退也。注亦見前。○黄云：此言近敵進退之法。逼近敵邑，必得其前進之路，不然則無所往；退必預爲還返之慮，不然恐絶吾歸。○曹云：御覽「返」作「反」。○震案：「進」下，張校無「路」字，疑脱。「退必」下，彙解無「有」字，疑脱。「返」，直解、集解、開宗、武備志、彙解亦皆同御覽作「反」。

凡戰，先則弊，後則懾〔一〕；息則怠，不息亦弊，息久亦反其懾〔二〕。

〔一〕古注云：兵先舉則勞，後起則士心不定而恐懼。○施云：法曰「無爲天下先」，戰先人而動，徒自勞也；又曰「後至而趨戰者勞」，後人而動，必自懼也。善戰者，後人發，先人至，所以先立不敗之地，而不失敵之敗也，斯可以戰矣，此趙奢縱反間而趨北山，秦人争之而不得是也。○寅云：凡與人戰，若先敵而動，則致疲弊而爲敵所乘；後敵而動，則畏懼而爲敵所欺。○震案：御覽卷二七○引「凡戰」至「後則懾」八字及古注。「弊」，開宗作「敝」。「懾」，講義作「攝」。下「弊」「懾」字同此。

〔二〕施云：常人之情，倦勞則必息，息久則愈倦。詩曰「有菀者柳，不尚息焉」，是息者所以舒其勞。故戰之法不可息，息則心必怠而不振。苟不息，則亦大勞而弊。若息而久，不獨怠也，不獨弊也，勇敢之心喪，果毅之氣衰，反爲畏懾者矣，此荆軍之三日三夜不頓舍，而從李信戒此者也。○寅云：若休息之，則怠心必生；若不休息之，其力亦致疲弊；休息若久，有畏愼之心。○源云：凡與敵相對，不見勢而先動者，必先疲弊，然見可而亦不進，則必反有畏懼之心。或曰：兵法云「先人有奪人之心」，今言「先則弊」者，何也？蓋此言對陣不可先舉，彼言預爲討賊之計也。故止而不動，則人心怠惰，然徒勞不止，而人亦必疲弊，久上不還，則亦反生懼心，必若王翦善撫士卒，使之投石超距可也。○黄云：此言臨戰先後休息之節。先敵而動，則疲敝而爲敵乘；後敵而動，則畏懾而爲敵欺。專務休息，則士卒心怠；久不休息，則士卒力疲；休息之久，反生畏懾，所以貴其節也。

書親絶，是謂絶顧之慮〔一〕；選良次兵，是謂益人之强〔二〕；棄任節食，是謂開人之意；自古之政也〔三〕。

〔一〕施云：公以忘私，國以忘家，臣子報上之心也，況在軍旅之中，就行列則忘其親，冒矢石則忘其身，書之與親，其可少經意於其間乎？曰書曰親，未能絶之，則情有所牽係，卻顧不能前，返慮不能齊矣。善將者，當其在軍之際絶親，知有敵而不知有親，知有戰而不知有書，此所以併絶之歟？夫是之謂絶其顧、一其慮。關羽吏士聞使至家，家致問，手書示信，家國無患，無有鬬心，是不知絶顧一慮也；李晟令軍中曰「通家問者斬」，知絶顧一慮者也。○寅云：凡初入敵人之境，疆埸之限，所過關梁津要，使吾踵軍在後，告畢書絶，所以禁人内顧之情，而止其退還之心也，故曰「書親絶」，是謂絶顧之慮也。○源云：此言爲將不可内顧，若李晟下令曰「國家多難，乘輿播遷，見危死節，自吾之分」，晟家爲賊質，左右有言者，晟泣下數行曰：「天子安在？敢言家乎？」又令軍中曰：「五日内不得輒通家問。」是也。○曹云：鄭友賢孫子十家注遺説：「……書絶者，所以禁人内顧之情，而止其還遁之心也。司馬法曰：『書親絶，是謂絶顧壹慮。』」○震案：「之」，講義作「一」，張校、曹校並作「壹」。

〔二〕古注云：選良者，擇取勁勇有材者爲前，什伍相當以接之死地，及見勝，則心專强之。○施云：練選良材，以爲選鋒，次序其兵，以爲先後，可以益吾軍之强，且法雜乘其車，善養其卒，猶謂之勝數而益强，況選良次兵，其不謂之益强乎？ ○寅云：簡擇良材，以次其兵，是謂益吾衆人之强，春秋傳所謂「分良以擊其左右」是也。 ○源云：此言戰勝取用之法也。選良，選用敵之賢良而仕之也，若晉用苗賁皇、吴用伍員、唐李愬拔用李祐是也。 次兵，得敵人之兵器車馬，編次而用之也。 此所謂取人之强而益吾之强也。 ○張云：御覽「人」作「民」。 ○震案：御覽卷二七○引「選良次兵」以下至「自古之政也」及古注。

〔三〕古注云：任者，畜積器物。 焚儲畜服御之具，節餘糧，戰之日不餘食，示必死戰也。 開塞生意，以專民心，此五帝、三王用兵之道也。 ○施云：出軍之日，必有資裝抱持而行者，必有糧食晢糗而往者，今於此則棄其糗糧之食，不幾於不仁乎？ 所以爲是者，將以開導三軍之意，而使之死戰也。 項羽命三日之糧，度尚焚營中之財，皆所以導人必死之意也。 言是法也，其實出於古司馬法也，如曰「因古則行」，又曰「古者以仁爲本」，又曰「古者逐奔不過百步」，「古者國容不入軍」，「古者賢王」，「古者戍軍」，若此數者，皆準古而用，故其所言，皆以古爲説，此所以終之以自古之政也。 ○寅云：任，負任之物也。 棄任，即孫子所謂「士無餘財」之意。 節食者，約其軍之食也，如春秋左傳所謂「塞井夷竈」，項羽沈船破甑、持三日糧之意。 使吾軍士棄其所負任之物，約持其糧食，示以必死，是謂開啓衆人之意，使專心一志，奮勇而戰。已上三者，皆自古行軍之政也。○源云：棄任，棄其所負之任也。節食，計其日用之糧而節食之也。若王鎮惡之入關中，令軍士食畢，使棄船登岸，渭水流急，諸艦悉逐流去，乃撫士卒曰「此是長安北門，去家萬里，而艦乘衣糧並已逐流，惟以死戰，以立大功」是也。此所以開導衆人死敵之意，乃自古之戎政是也。孫子曰「吾士無餘財，非惡貨也；無餘命，非惡壽也」，正謂此也。○黄云：此言絶内顧而益强，以示必死之意。凡入敵境，雖親近之書，亦必禁絶，可忘内顧之念，富弼所謂「徒亂人意」者是也（弼往契丹，聞一女卒，再往，聞一男生，皆不顧，得家書輒焚之，曰「徒亂人意」）。選簡良材，以次其兵，可益吾衆人，强壯軍聲。孫武所謂取利於敵者，是棄其重任之物，約持衆食之糧，示以必死，所以開示衆意，專志奮擊，如塞井夷竈，沈船破甑，宇文泰戒持三日餉是也（高歡伐魏，宇文泰曰「乘其新至，兵往擊，毋重賫，累負荷」）。後世信使不絶弱幹自潤，輸玉輦金，奚逭於司馬法耶？按前四篇多論理，此篇全論行兵，其意主於慎重，觀其「絶慮」、「益强」、「開意」，則何等奮發？五篇之終，而以此收之，無餘藴矣。○朱云：通篇總是待敵觀變，知彼知己，以盡決戰之事。用兵不論衆寡，皆可以取勝，惟在分合得宜，則應變不窮，更能伺隙乘便，避實擣虚，知進退之方，明動静之情，固士卒之志，兵道之大端盡之矣。此非一時之臆見也，故以古政結之。○張云：御覽引無「是」字，「人」作「民」。

附録一　司馬法逸文

夏執玄鉞，殷執白鉞，周杖黄鉞。

宋均云：玄鉞用鐵，不磨礪。○史記周本紀裴駰集解止引上四字，並及宋注。説文戉部引「玄」「黄」下二「鉞」字並作「戉」，「白」下「鉞」字作「戚」，「周」下有「左」字，末有「右秉白髦」四字，且無宋注。後漢書輿服志上李賢等注引無宋注。

周左執黄鉞，右執白旄，所以示不進者，審察斬殺之威也。有司皆執殳戈，示諸鞭朴之辱。

注云：欲使不行不進者也。○御覽卷三五三。

夏后氏謂輦曰余車，殷曰胡奴車，周曰輜輦。輦，一斧、一斤、一鑿、一梩、一鋤。周輦加二版二築。夏后氏二十人而輦，殷十八人而輦，周十五人而輦。

周禮地官司徒鄉師鄭玄注。詩小雅車攻孔穎達疏引自「輦一斧」起，且「輦」下有「有」字，「梩」下無「一鋤」二字，「版」作「板」。御覽卷七七三止引作「夏曰予車，殷曰胡奴車，周曰輜車，三代之輦」十三字。王應麟玉海卷一四六引「輜」下脱一「輦」字，無「周輦加二版二築」七字，下「夏后」下無「氏」字，「殷十八人」、「周十五人」下並無「而輦」二字。

輦車所載二築。

左傳宣公十二年孔穎達疏。

兵車一乘，甲士三人，步卒七十二人。

詩小雅采芑鄭玄箋。左傳宣公十二年孔穎達疏引「甲」上有「有」字。尚書牧誓孔安國傳止引作「一車步卒七十二人」。

一車，甲士三人，步卒七十二人，炊家子十人，固守衣裝五人，廄養五人，樵汲五人，輕車七十五人，重車二十五人。

十一家注孫子作戰篇杜牧注。

二十五乘爲偏。以百二十五乘爲伍。

注云：伍重，故百二十五乘。○周禮夏官司馬司右賈公彥疏。左傳桓公五年杜預注止引作「車戰，二十五乘爲偏」，且無注。

五十乘爲兩，百二十乘爲伍，八十一乘爲專，二十九乘爲參，二十五乘爲偏。

左傳昭公元年孔穎達疏引服虔注。

百人爲卒，二十五人爲兩。軍九乘爲小偏，十五乘爲大偏。

左傳成公七年杜預注。左傳宣公十二年杜預注引「兩」下無「軍九乘爲小偏」六字，有「車」字。急就篇卷一顔師古注止引作「軍十五乘曰偏」。

萬二千五百人爲軍。

尚書費誓孔穎達疏。十一家注孫子謀攻篇曹操、杜牧注引「萬」上有「一」字，「二」訛作「五」。

五人爲伍，十伍爲隊，一軍凡二百五十隊，餘奇爲握奇。故一軍以三千七百五十人，爲奇兵隊七十有五，以爲中壘，守地六千尺，積尺得四里，以中壘四面乘之，一面得地三百步，壘内有地三頃，餘百八十步。正門爲握奇，大將軍居之，六纛、五麾、金鼓、府藏、輜積皆中壘。外餘八千七百五十人，隊百七十五，分爲八陳，六陳各有千九十四人，六陳各減一人，以爲一陳之部署。舉一軍則千軍可知。

注云：凡兵者，有四正四奇，或合而爲一，或離而爲八，是曰八陳，故以正合爲奇勝也。○通典卷一四八。御覽卷二九八引「十伍爲隊」之「伍」作「五」，「一軍凡二百五十隊」之「隊」上有「人」字，「餘奇」下無「爲握奇故一軍以三千七百五十人爲奇」十六字，「百七十五」、「千九十四」上各有「一」字，凡「陳」字皆作「陣」，「以爲一陳之部署」之「以」作「已」。

五人爲伍，十伍爲隊，萬二千五百人爲隊二百五十，十取三焉而爲奇，其餘七以爲正，四奇四正而八陣生焉。

王應麟玉海卷一四〇。

六尺爲步，步百爲畝，畝百爲夫，夫三爲屋，屋三爲井，井十爲通；通爲匹馬，三十家，士一人、徒二人。通十爲成，成百井，三百家，革車一乘，士十人、徒二十人。十成爲終，終千井，三千家，革車十乘，士百人、徒二百人。十終爲同，同方百里，萬井，三萬家，革車百乘，士千人、徒二千人。

周禮地官司徒小司徒鄭玄注。

六尺爲步，步百爲畝，畝百爲夫，夫三爲屋，屋三爲井，四井爲邑，四邑爲丘；丘有戎馬一匹、牛三頭，是曰匹馬丘牛。四丘爲甸，甸六十四井，出長轂一乘、馬四匹、牛十二頭、甲士三人、步卒七十二人，戈楯具，謂之乘馬。

春秋成公元年孔穎達疏。公羊傳成公元年何休注止引「四井爲邑，四邑爲丘」八字。

六尺爲步，步百爲畝，畝百爲夫，夫三爲屋，屋三爲井，井十爲通，通十爲成，成方十里；成十爲終，終十爲同，同方百里；同十爲封，封十爲畿，畿方千里。

孟子梁惠王上孫奭疏。論語學而馬融注引「通十爲成」下止有「成出革車一乘」六字。詩小雅甫田孔穎達疏止引自「夫三爲屋」以下至「通十爲成」十六字。

方里爲井，四井爲邑，四邑爲丘，丘出馬一匹、牛三頭，四丘爲甸，甸乃有馬四匹、牛十二頭，是爲革車一乘。

左傳哀公十一年孔穎達疏。左傳昭公四年杜預注止引作「丘十六井，當出馬一匹、牛三頭」。

甸方八里，有戎馬四匹，長轂一乘。

周禮夏官司馬校人賈公彦疏。

成方十里，出革車一乘。

春秋成公元年孔穎達疏引論語鄭玄注。

方十里爲成。

左傳哀公元年杜預注。

王國百里爲郊，五十里爲近郊，百里爲遠郊。

釋玄應一切經音義卷一七。爾雅釋地邢昺疏引作「王國百里爲遠郊」。周禮秋官司寇士師鄭玄注止引作「去國百里爲郊」。周禮地官司徒賈公彦疏止引作「王城百里爲遠郊」。

天子畿内千里，遠郊百里。

儀禮聘禮鄭玄注。禮記王制孔穎達疏引作「百里郊，天子畿内方千里」。

王國百里爲郊，二百里爲州，三百里爲野，四百里爲縣，五百里爲都。

周禮地官司徒載師鄭玄注。周禮地官司徒載師賈公彥疏止引作「二百里曰州，四百里曰縣」。

二百里如州長，四百里、五百里如縣正。

周禮夏官司馬大司馬賈公彥疏。

天子囿方百里，公侯十里，伯七里，子、男五里。

公羊傳成公十八年何休注。

昏鼓四通爲大鼜，夜半三通爲晨戒，旦明五通爲發昫。

周禮地官司徒鼓人鄭玄注。

鼓聲不過閶，鼜聲不過闒，鐸聲不過琅。

周禮夏官司馬大司馬鄭玄注。

十人之帥執鈴，百人之帥執鐸，千人之帥執鼓，萬人之將執大鼓。

左傳襄公十三年孔穎達疏。周禮夏官司馬大司馬賈公彥疏引上「帥」字作「長」，餘二者作「師」，「鈴」作「鉦」，「鼓」作「鼙」，「將」作「主」。

攻城，攻其所傃。

禮記中庸篇鄭玄注。

産城，攻其所産。

左傳僖公六年孔穎達疏。

上卜下謀，是謂參之。

周禮夏官司馬大司馬鄭玄注。

上多前虜。

周禮夏官司馬司勳鄭玄注。

春以禮朝諸侯，圖同事。夏以禮宗諸侯，陳同謀。秋以禮覲諸侯，比同功。冬以禮遇諸侯，圖同慮。時以禮會諸侯，施同政。殷以禮宗諸侯，發同禁。

周禮秋官司寇大行人鄭玄注。

其有殞命，以行禮如會所，用儀也。若殞命，則左結旗，司馬授飲，右持苞壺，左承飲以進。

左傳成公二年孔穎達疏引服虔說。

大前驅啓，乘車大晨，倅車屬焉。

左傳襄公二十三年孔穎達疏引服虔注引司馬法謀帥篇。論語雍也邢昺疏引「大」作「夫」，「晨」作「震」。

閫外之事，將軍裁之。

公羊傳襄公十九年徐彦疏。

斬以徇。

説文彳部。漢書高帝紀顔師古注引「徇」作「徇」。

師多則人讟。

説文言部。文選左思魏都賦劉淵林注引無「人」字，「讟」作「黷」。

載獻聝。

説文叉部。

善者忻民之善，閉民之惡。

説文心部。

小罪聅，中罪刖，大罪剄。

説文耳部。説文繫傳耳部引「聅」「刖」「剄」下各有一「之」字。

晨夜内鈀車。

説文金部。

飛衛斯輿。

説文馬部。

執羽从杸。

說文殳部。

血于鼙鼓者，神戎器也。

史記高祖本紀司馬貞索隱。

從遯不過三舍。

史記晉世家裴駰集解引賈逵説。

登車不式，遭喪不服。

漢書李廣傳。

窮寇勿追，歸衆勿迫。

後漢書皇甫嵩傳。

或起曰：兵以征不義，廢貢職則討，不朝會則誅，亂嫡庶則絷，變禮刑則放。

晉書刑法志。

將軍死綏。

三國志魏書武帝紀。裴松之注引魏書曰：「綏，卻也。有前一尺，無卻一寸。」

見敵作誓，瞻功作賞。

魏武帝注孫子九地篇注。十一家注孫子九地篇王晳、張預注引下「作」字並作「行」，當是。

進退惟時，無曰寡人也。

十一家注孫子謀攻篇曹操注。趙蕤長短經卷九出軍引「惟」作「唯」，無「也」字。

圍其三面，闕其一面，所以示生路也。

十一家注孫子軍爭篇曹操注。

新氣勝舊氣。

十一家注孫子軍爭篇孟氏注。

一師五旅，一旅五卒。

唐太宗李衛公問對卷上。宋本武經七書「師」訛作「帥」，據玉海卷一三六引正。

春不東征，秋不西伐，月食班師，所以省戰也。

注云：謂春不成生，秋不伐熟。夫兵，陰象也。月食則陰毀，故息戰也。○御覽卷二〇。

軍中之樂，鼓笛爲上，使聞之者壯勇而樂和；細絲高竹不可用也，慮悲聲感人，士卒思歸之故也。

御覽卷五八〇引樂纂。

王有四方之事，則冢宰徵師于諸侯，曰「某國爲不道，征之以某年月日，師至于某國」，小宰掌其戎具，虎賁氏奉書以牙璋發之。則畿兵不輕出也。

注云：詩常武「王命卿士……大師皇父，整我六師」，冢宰也；「王謂尹氏，命程伯休父，左右陳行，戒我師旅，率彼淮浦」，小宰戒司馬出征也。程伯爲司馬，見史記。○陳傅良歷代兵制卷一。章如愚羣書考索卷四引「月日」作「某月」，「輕出」作「遽征」。注文「浦」字陳書訛作「土」，據章書正。

明不寶咫尺之玉，而愛寸陰之旬。

文選左思魏都賦劉淵林注。

兵者，詭道，故能而示之不能。

文選潘岳關中詩李善注。

善守者，藏於九地之下；善攻者，動於九天之上。

文選潘岳馬汧督誄李善注。

火攻有五。

文選潘岳馬汧督誄李善注。

始如處女。

文選潘岳射雉賦李善注。

附録二　重要序論彙録

（一）施氏七書講義序

江伯虎

兵家之書不知其幾也。漢初有一百八十二家，删取要用者三十五家，其後任宏論次，分其書爲四種。唐有二十三家，藏其書於四庫者凡六十部，失姓名而不著録者不與焉，可謂繁且雜矣。圯上一編，足爲王者師，奚以多爲哉？朝廷武舉之科，惟用七書以取士，亦此意耶？三山施公子美，爲儒者流，談兵家事，年少而升右庠，不數載而取高第，爲孫、吴之學者多宗師之。今得其平昔所著七書講義於學舍間，觀其議論出自胸臆，又引史傳爲之參證，古人成敗之跡、奇正之用，皆得以鑒觀焉。雖曰兵不可易言，若施之用，亦豈至不知合變也？於是鋟木以廣其傳。貞祐壬午上巳，同郡江伯虎序。

（二）武經直解序

劉　寅

洪武三十年，歲在丁丑，太祖高皇帝有旨：「俾軍官子孫講讀武書，通曉者臨期試用。」寅觀孫武舊注數家，矛盾不一，學者難於統會。吴子以下六書無注，市肆板行者闕誤又多，雖嘗口授於人，而竟不能曉達其理。於是取其書，删繁撮要，斷以經傳所載先儒之奥旨，質以平日所聞父師之格言，訛舛者稽而正之，脱誤者訂而增之，幽微者彰而顯之，傅會者辨而析之。越明年藁就，又明年書成，凡二十五卷，一百一十四篇，總若干萬言，題曰武經直解。及取儒家諸書、先聖先賢之所著述，有切於兵法者，編爲附録，載之於前，以取童蒙講誦之便，非敢與識者道也。

嗚呼，兵豈易言哉？觀形勢、審虚實、出正奇、定勝負，凡所以禁暴弭亂、安民守國、鎮邊疆、威四夷者，無越於此也，聖人於是重之。故仁、義、忠、信、智、勇、明、決，兵之本也；行伍、部曲、有節、有制，兵之用也；潛謀、密運、料敵、取勝，兵之機也；一徐一疾、一動一静、一予一奪、一文一武，兵之權也。不有大智，其何能謀？不有深謀，其何能將？不有良將，其何能兵？不有鋭兵，其何能武？不有武備，其何能國？欲有智而多謀，善將而能兵，提兵而用武，備武而守國，舍是書何以哉？

兵者，詭道。是以孫、吴之流，專尚詐謀。司馬法以下數書，論仁義節制之兵者，間亦有之，在學者推廣默識，心融而意會耳。雖然，兵謀師律，儒者罕言；譎詭變詐，聖人不取。仁義節制，其猶大匠之規矩準繩乎？大匠能誨人以規矩準繩，而不能使之巧。寅爲此書，但直解經文，而授人以規矩準繩耳。出奇用巧，在臨時應變者自爲之，非寅所敢預言也。

狂斐踰僭，得罪聖門，誠不可免，然於國家戡定禍亂之道，學者修爲戰守之方，亦或有所小補云。書中差繆尚多，古人所謂校書，如塵埃風葉，隨掃隨有，信哉斯言！博聞君子覽者改而正之可也。洪武戊寅歲律中無射望日戊戌，前辛亥科進士太原劉寅序。

（三）司馬法集解引

閻禹錫

武經七書，宋司業朱服受詔之所校定也，其間是非真僞，先儒已有確論。予濫掌武學，倏焉四載，講授之餘，孫子爲之選注，吴子爲之集解，至司馬法一書，多缺文誤字，且難爲句讀，而解者又不多得，唯見二劉之説平正通達，援引切當，遂采輯而校正之，間亦竊附管見，并句讀音釋集成，舍意屬辭，欲爲之序。及觀太史公之高談，劉寅之實録，陳后山、蘇子由之考核，精詳而明辯之，然後知驅市人以戰之才，諸儒已先得之，趙兵不復出矣，故備載其説於左，俾讀者知所考焉。三千營把總、錦衣都指揮馮公晉男騰嘗遊武學，不私篋藏，率同志鋟梓以廣其傳，予甚嘉之，將門子弟幸鑒幸鑒。成化五年己丑仲春閏月之吉，修職郎國子監丞掌京衛武學伊嵩閻禹錫書於心遠軒謹識。

（四）司馬法集解之集説

閻禹錫

太史公曰：「余讀司馬法，閎廓深遠，雖三代征伐，未能竟其義，如其文也，亦少襃矣。若夫穰苴，區區爲小國行師，何暇及司馬兵法之揖讓乎？」

陳后山曰：「謹按傳記所載司馬法之文，今書皆無之，則亦非齊之全書也。然其書曰『禮與法表裏』『文與武左右』，又曰『殺人以安人，殺之可也』、『攻其國，愛其民，攻之可也』、『以戰去戰，雖戰可也』，又曰『冬夏不興師，所以兼愛民』，此先王之政，何所難乎？至其説曰『擊其疑，加其卒，致其屈，襲其規』，又曰『成其溢，奪其好，我自其外，使自其内』，此穰苴之所知也，漢之所行，還之所見，而謂先王爲之乎？」

太原劉氏曰：「司馬法者，周大司馬之法也。司馬掌邦政，統六師，平邦國，乃六卿之列，入則佐天子以治國，出則總戎兵以定亂。故此書仁本篇首言仁、義、禮、智、信，次言『九伐』之法；天子之義篇首言法天地、觀先聖、教民體俗，次言賞善罰惡之法；定爵篇首言教詔之法，次言戰攻之法；嚴位篇專言治兵之法；用衆篇專言應敵之法。有太公『不愆於四伐、五伐、六伐、七伐，乃止齊焉』、『不愆於六步、七步，乃止齊焉』之義，此王者仁義之兵也。周武既平殷亂，封太公於齊，而子呂伋爲齊侯，故其法傳於齊桓公之世，管仲用之，變而爲節制之兵，遂能九合諸侯，一匡天下。景公之世，田穰苴用之，又變而爲權詐之兵，遂能卻燕、晉之師。景公以穰苴有功，封爲司馬之官，後世子孫號爲司馬氏，至齊威王追論古司馬法，方成此書。又述穰苴所學，遂有司馬穰苴書數十篇，今世所傳兵家者流是也；書中分權謀、形勢、陰陽、技巧四種，非此司馬法也。是書言辭古簡而義深，中間多有缺文誤字，儒者多不經意，學者由是不得其説。今姑爲之直解，以訓將家子弟。其不可曉者，悉皆闕疑，以俟知者焉。」

愚按蘇子由古史曰：「太史公爲司馬穰苴傳言，齊景公拔以爲將，遂以成功，歸爲大司馬，大夫高、國害之，譖而殺之。其言甚美，世皆信之。予以春秋、左傳考之，未有燕、晉伐齊者也，而戰國策稱，司馬穰苴，執政者也，湣王殺之，故大臣不附。意者穰苴，湣王之臣，嘗爲湣王卻燕、晉，而戰國雜説，妄以爲景公時耶？」

（五）武經彙解序

朱墉

自六經復出於漢，學者莫得其本真，於是諸儒章句之學興焉，其後傳注箋解疏義轉相講述，而聖道以明，至兵法之書，則猶多缺略也。然余觀文武兩途，如陰陽之不可相無也，第文爲陽，而主乎春夏，武爲陰，而主乎秋冬，發生者尚仁，肅殺者尚義。故孔子删詩、書而贊乾元，老氏則論道德而崇清浄，孟子、荀卿專本尼山，莊、列、申、韓惟師柱下，蓋虚無流爲刑名，刑名流爲兵律，分軌殊趨，各有旨歸矣。獨是六經之道，原簡嚴易直，迂儒强爲分疏，而煩者不勝其煩。七子之言，則放誕變遷，後人附會支離，而略者終守其略，雖有張、杜、梅、陳、歐陽諸先輩詮釋，而世無善本，户少藏書，使武士不識統宗，良可悼哉！

余嘗從藝文志繙閲遺編，竊有所得也。若孫子之詭譎奥深、窮幽極渺，吴子之醇正簡要、恕己近情，司馬之縝密謹嚴、詳核周至，衛公之辨析精微、考據典確，尉繚之敦本務實、峻法明刑，黄石之機權敏幻、智術淵閎，太公之規模闊大、本末兼該，是以並列黌宫，武士得其一二，足以建立奇勳，豈得謂爲語言文字，而不身體力行哉？説者曰：暗合運用者，在於意授，何須更下注脚，失於膠柱刻舟？然冥悟可以求上哲，而不可以期中庸，讀書而懷疑，如矇瞽之憒憒於途，何如揭日月於中天乎？余故從而訂之，疏解有淺深，彙集有先後，既統括其大綱，更纂序其神吻，必使無義不徹而止。世之好學者，其亦鑒余衷哉？但余上之不能修德行於鄉黨，次之不能效智勇於邊陲，僅窮年兀首，考同辨異，爲蠹魚以老，其亦食仙而不化，無補於六經聖道，未免爲君子所鄙笑也已。

時康熙三十九年庚辰吉月穀旦，青溪鹿岡朱墉書。

（六）武經開宗序

曾櫻

夫經文緯武，有二乎哉？胸無數萬甲兵者，不可以言文；胸無數萬甲兵者，何足以語武？此今上所爲重出將入相之才也。是故易言「師貞」，詩咏「吉甫」，書稱「除殘伐暴」，禮載「樽俎折衝」，春秋紀「誅亂攘夷」，下迨百家諸史，縷縷不廢譚兵，良以國命民生實綰諸此，未可易言。我祖宗養士幾三百年，稍遇盤錯，終未得如韓、范者，起而寒亂賊之膽，何也？文臣不識武，與武臣不知文，一也。文臣不識武，安能以八股張六軍勇氣？武臣不知文，又安能以一劍作萬里長城哉？

邇者奴酋反側，流寇披猖，聖天子厪拊髀之思，慨然以武科并重文闈，誠將相抒猷之會也。莆陽文獻甲天下，固不乏蹇蹇、桓桓之彦，堪爲國家勒鐘鼎殊勳，標銅柱奇猷。余不佞，分守兹土，叨預觀風之役，獲披壺蘭之秀，而品題之，乃得黄生獻臣、陸生經翼列諸前矛。既受評文之任，復提講武之衡，入彀中者，亦皆彬彬豪俊，而陸生沖與焉。

已而黄、陸三生以解釋武經請政於余，余閱之，覺從前牽合附會之陋滌除净盡，一開卷而瞭然心目，誠登壇之上略，保國之良圖也。文士所當盡心，亶其然乎？宋儒黄勉齋先生文武兼資，三生行將步其武矣。自此，而懋勤大業，翼爲明聖，尚未有艾。余故曰：出將入相，朝廷以此正其始；經文緯武，是編洵足開其宗。賜進士出身分守興泉道江右峽江曾櫻，孟夏朔旦題於壺蘭公署。

（七）武經總論

陸經翼

粤稽陰符創自黃帝，握奇成於風后，久已勒之爲經，是則兵法固不自七書昉矣，但兵制至成周而大備。維時渭陽，八十二年之老，非熊叶兆，鷹揚樹勳，應孟津八百之會，起而與虎賁三千，共贊「我武維揚」之烈，則六韜實爲七書之祖。怠張留侯受書於圯上老人，老人曰「後十三年當遇我濟北，穀城山下黃石即我也」，旦日視之，乃尚父兵法，玄微簡要，與素書相表裏，是黃石特授書之人耳。自太公封齊，傳周官大司馬「九伐」法，於治國安邦之中，寓建威銷萌之義。管夷吾一變而爲節制，田穰苴再變而爲權詐。齊威王追論古司馬兵法，而附穰苴於中，遂以爲司馬穰苴兵法。五篇中，心思入密，隨事不苟，非古名將不能爲此。則此三書者，謂皆尚父兵法可也。噫，亦至矣盡矣！然列國紛爭之際，兵法愈雄，王道寖微，不得不取材於將略，故孫武、吳起、尉繚之書附焉。武以伍員薦入吳，爲上將，西破强楚，入郢，北威齊、晉，顯名諸侯。起嘗學於曾子，與聞禮教之説，書較孫武爲簡，而考其破齊、制秦、伯楚，伐尤宣大。尉繚從學鬼谷，精察陰陽，其所談兵，惟崇修人事、率民務農之旨，頗能窺兵家本統，若重刑諸令，則嚴酷苛暴，抑何深刻少恩也？竊以爲事貴曲防，法宜詳設，善讀者預知所儆，不殺可也，此則尉繚言外之旨也。

漢唐以來，名將輩出，非無可紀，即如諸葛隆中事業，卓絶千古，而出師兩表，開誠數語，足泣鬼神，然其書不少概見，所傳多襲陳言，竊意其贋，故不俱録。惟李衛公暢孫、吴、韜、略之旨，其談兵爲最詳。夫以太宗不世出之英主，藥師佐之，戡亂致治，君臣相得，召對拜颺，亦一時盛事。問對中，每章各有證佐，堪爲諸經之引藥，而兵家變化，從此一卷收之，合爲七書，取其有關六書之言，非取其佐唐之功也。如疑其人，并疑其言，則師尚父大聖人，著丹書宜也。六韜中機械變詐，豈聖人立言本意？不知兵陰謀也、詭道也、詐術也，聖人不必有其事，而不必不立其言，學者會立言之意，隨機應變，神明不測，使七書爲我用，而我不爲七書用，其於兵法，思過半矣。

然則編書何以首孫子？蓋孫子十三篇，適括諸書之意，而盡用兵之變。我莆宋儒鄭先生曰「文士亦當盡心」，況兜鍪家哉？故揭而首之。又虞學者之日尋於詐也，吴術幾正焉，故次之。此即「九伐」之意，仁爲本，而權謀濟之者也，故司馬法又次之。暢其説者，其李衛公乎，又次之。習其説，而不敷其教，未盡也，尉繚子詳言兵教、兵令者也，又次之。而大要皆發明三略、六韜之旨，故韜、略終焉，令人知所會通云。乃知數子之功有軒輊，而數子之言無優劣，何也？書雖七，而旨則一也；通其旨，雖諸書盡廢可也。

然則七書之外，遂無傳乎？ 夫歷代名將不俱論，間嘗經薊鎮、渡厦門，指點塞垣，低徊戰地，黄鵠白皃猶稱述戚將軍不置口。壬戌世廟，倭陷莆城，將軍一舉掃之，而豺狼屏跡。即其所談將略，每致意於將心將德，如所云「理明識定」、「心一氣齊」、「捨身竭力」、「正心立志」等語，皆原本聖賢致知誠意之旨，忠君報國之忱，洵後學之津梁、封狼居胥之塙矢也，雖七書增而八可也。自此而參之歷代名將，以考其奇，射御弓馬陣法，以盡其用，又何患不掃穴犁庭哉？

今聖天子以技勇文藝廣厲學官，兼程并課，明乎文弱不可以捍侮，徒勇又不足以制勝。學者每思勒燕然而標銅柱，不知養氣調神，以爲戰勝地者何在，安得起隆中、圯上諸君子，以應聖天子拊髀之思也？ 是爲論。

讀此而武經肯綮已洞若列眉，誠後學之司南也。羽功。

（八）二酉堂刊司馬法序

張澍

案孫子注云：「司馬法者，周大司馬之法也。周武既平殷亂，封太公於齊，故其法傳於齊。」周禮疏云：「齊景公時，大夫穰苴作司馬法。至齊威王，大夫等追論古法，又作司馬法，附於穰苴。」

太史公曰：「自古王者而有司馬法，穰苴能申明之。」又云：「司馬法所從來尚矣，太公、孫、吴、王子能紹而明之。」穰苴傳云：「齊威王使大夫追論古者司馬兵法，而附穰苴於其中，因號曰司馬穰苴兵法。」是古者即有司馬法，非穰苴始作，亦威王時附穰苴兵法於司馬法中，非附司馬法於穰苴兵法中也，周禮疏誤矣。晉張華以司馬法爲周公作，當得其實。考周官縣師「將有軍旅、田役、會同之戒，則受法於司馬，以作其衆庶」，小司馬「掌事如大司馬之法」，司兵「授兵從司馬之法以頒之」，此司馬法即周之政典也。漢藝文志謂之軍禮司馬法者，考大宗伯「掌軍禮之別有五」，孔叢子有問軍禮之篇，而周禮注引軍禮云「無干軍，無自後射」，當即此書所載也。

竊嘆三代治兵，田賦軍車廣浩纖悉，數十年而後事具，數十百年而後得志於天下。夷吾九合一匡，猶本一師五旅、一旅五卒之規。葛相四正四奇，亦原五人爲伍、五伍爲隊之式。馬遷稱其「閎廓深遠，雖三代征伐，未能竟其義」，如其文，豈不諒哉？漢志原書百五十篇，今存五篇，佗書所引，亦有不見五篇中者，皆逸文也。又李靖問對「世所傳兵家流，分權謀、形執、陰陽、技巧四種，皆出司馬法」，蓋係任宏所論，非司馬法本文。史記注引宋均「春秋少陽少陰」云云，是「春蒐秋獮」一段注文，疑注是宋均作也。吾鄉階州邢雨民太守曾輯是書，刊之浙中，字多錯訛，仍有闕漏。余爲而正之，以授學侶，乃序其緣起如此。

（九）箋經室刊司馬法古注坿音義序

黄以周

古司馬法百五十五篇，劉氏七略、别録列兵家，班氏藝文志以其文多合於古軍禮，入之禮家。今所行司馬法三卷，凡五篇，多言行兵之法，號曰司馬兵法，與古軍禮不無出入。然漢武帝報胡建引「國容不入軍，軍容不入國」，劉向上疏引「軍賞不踰月」，何武上疏引「天下雖安，忘戰必危」，毛詩傳引「夏鉤車，先正」、「殷寅車，先疾」、「周元戎，先良」，左傳賈注引「逐奔不過百步，從遯不過三舍」，周官鄭注引「弓矢禦，殳矛守，戈戟助」、「凡五兵，長以衛短，短以救長」，其語皆見今五篇中。儒家不談古兵法則已，欲談古兵法，舍此何所從事？惜其文多脱佚，字多傳訛，軼見於注疏、古類書中，時可援以補正。孫伯淵刻本，未盡善也。近時校輯司馬兵法，有丹徒陳明經慶年、昭文孫吉士同康暨吴縣曹孝廉元忠。孝廉喜校刊古逸書，志甚鋭，力甚果，其書先出，用孫刻本，坿校異文於節下，并録舊注，復爲音義，别坿卷後。古司馬法至隋已亡，經籍志兵家列司馬兵法三卷，即今五篇，顧今五篇復有剥落删削耳。予前作軍禮司馬法考徵，凡逸文有見於唐以前書者，盡采輯之，以歸軍禮，唐以後書，别有引見，悉屬兵法逸文。今讀孝廉所校本，樂其與予書可並行不悖也，爰爲之序。定海黄以周。

（十）箋經室刊司馬法古注斠音義叙

曹元忠

叙曰：此即漢藝文志「軍禮司馬法」也。隋經籍志稱「司馬兵法三卷，齊將司馬穰苴撰」，蓋因史記言「齊威王追論古者司馬兵法，而坿穰苴於其中，因號之曰司馬穰苴兵法」，故隋志從其朔也。

論司馬法者，如通考引陳后山擬御試武舉策云：

傳記所載司馬法之文，今書皆無之，則亦非齊之全書也。然其書曰「禮與法表裏」、「文與武左右」，又曰「殺人以安人，殺之可也」、「攻其國，愛其民，攻之可也」、「以戰去戰，雖戰可也」，又曰「冬夏不興師，所以兼愛民」，此先王之政，何所難乎？至其説曰「擊其疑，加其卒，致其屈，襲其規」，此穰苴之所知也，而謂先王爲之乎？

不知玉海引李靖問對，明言「今世所傳兵家流，又分權謀、形勢、陰陽、技巧四種，皆出司馬法」，似定爵、嚴位、用衆諸篇，爲後世權謀、形勢、陰陽、技巧之所祖，故玉海引司馬法注云「司馬之職，所專者武事也，治民用兵，皆用法也」，何足以此病司馬法？若謂司馬法非齊之全書，則漢志百五十篇，隋志僅存三卷，傳記所載，豈無出其外者？然如文選潘安仁閑居賦注引「兵者詭道，故能而示之不能」，馬汧督誄注引「火攻有五」，斯爲一焉，又引「善守者藏於九地之下，善攻者動於九天之上」，名爲司馬兵法，實皆孫子，頗疑隋唐之世，以孫子竄入司馬法中，始仍史記司馬兵法之號，昧乎司馬法「以仁爲本」、孫武「以詐立」，司馬法「以義治之」、孫武「以利動」，司馬法「以正不獲意則權」、孫武「以分合爲變」，如鄭友賢孫子十家注遺説所云也，則傳記所載之本，一今反幸其無之矣。

今所傳司馬法三卷，凡周禮先鄭太祝注、鄭君大司馬司右注皆引其文，旁及太平御覽之所引，當仍修文殿御覽舊帙，取斠今本，往往而在，固確然無可疑者。且御覽、羣書治要所引司馬法皆有注，如御覽引「有虞氏戒於國中，欲民體其命也」，注云「舜以農教戰，以戰教民，畋獵簡習，故民取之」，太白陰經軍令誓衆篇作「經曰『陶唐氏以人戒于國中，欲民體其命也』；有虞氏以農教戰，漁獵簡習，故人體之』」，雖誤以注爲正文，要知注家在唐以前，故杜牧孫子地形篇注引司馬法曰「選良次兵，益人之强」，注曰「勇猛勁捷，戰不得利，後戰必選於前，當以激致其鋭氣也」，直稱爲司馬法注。注司馬法者，御覽引「長兵以衛，短兵以守」及「迭戰則久，皆戰則强」，兩注皆稱「李氏曰」，而文選鍾士季檄蜀文注引仁本篇「古者以仁爲本、以義治之之謂正」，曹操曰：「古者，五帝、三王以來也。仁者，生而不名。義者，成而不有。」則又有魏武帝注，猶孫子有魏武帝略解矣。

今世注義已不盡傳，求之通人碩儒，且有謂司馬法無古注者，苟非理而董之，恐遺墜不可得，復甚可惜也。爰集治要、御覽諸書所引注文，依今所傳三卷録寫，並爲音義，以明其學，欲使俊哲偉彦之倫鑒及於此，益求太史公所謂「閎廓深遠，雖三代征伐，未能竟其義」。如其文者，出而備聖朝之用，此則元忠用力於司馬法之意也夫！光緒十九年太歲癸巳病月，東吴曹元忠撰。